손에 잡히는
쉬운 기독교 교리

손에 잡히는 쉬운 기독교 교리
: 믿음에 대한 오해를 이해로 바꾸다

Basic Christian Doctrines

손에 잡히는
쉬운
기독교 교리

믿음에 대한 오해를 이해로 바꾸다

홍석균 목사

샘곁의
나무

지금 한국 교회는 외부적으로 시대사상current thoughts과 이단
의 도전 그리고 내부적으로는 가르침의 약화라는 악재 속에서
신앙을 지키기 위해 고군분투하고 있습니다. 사실 이러한 문제
의 핵심에는 마땅히 가르쳐야 할 기준과 기초를 놓쳐버린 교회
의 책임이 크다 하겠습니다. 특별히 종교개혁 시대부터 강조되
어오던 교리 교육의 약화로 인해 성도들은 성경을 바르게 이해
하는 기초를 제대로 세우지 못한 채 영적 전쟁의 일선에서 살아
가고 있습니다. 프린스톤의 신학자였던 찰스 핫지C. Hodge는 "이
단들은 기회가 있으면 나타나 성경을 곡해하고 말씀의 어떤 부
분을 과장하거나 멸시하는 등 하나님의 말씀을 변질시켜 거짓의
것으로 만들어 버린다."고 말한 바 있습니다.

이런 시기에 홍석균 목사님을 통해 귀한 책이 출간된 것은 다
행이라 생각됩니다. 교리와 관련된 책이라고 하면 어렵고, 딱딱

할 거라 생각하지만 이 책은 교리를 향해 첫걸음을 떼기에 매우 훌륭한 책입니다. 목사님은 다년간의 교구와 청년사역의 경험을 바탕으로 쉽고 실질적인 교리서를 출간하였습니다. 이 책을 읽는 모든 분들이 진리의 반석 위에 든든히 서서 복음의 빛을 발하게 되리라 생각됩니다.

_도원욱 목사 (한성교회 담임)

홍석균 목사님이 한국 교회 성도들로 하여금 기독교 신앙을 바르고 온전하게 이해시키기 위해 새로운 시도를 하였습니다. 이제까지 한국 교회는 예수 믿으면 죄 용서 받고 영생을 얻는다는 단편적인 기독교 신앙만을 제시하는 수준이었습니다. 그런데 이 책을 통해서 기독교 신앙의 조항들을 체계적으로 설명되었다는 것이 참으로 의미심장한 일입니다. 신론에서부터 종말론에 이르기까지 기독교의 핵심교리를 일독요연하게 기술하여 독자들로 하여금 신앙의 확신을 갖게 하였습니다. 이 책을 읽으시면 기독교 신앙을 확신하게 되고 변증까지 할 수 있게 될 것입니다. 그래서 이 책은 기독교 신앙의 변호서 역할을 충분히 할 것입니다. 부디 널리 읽으시어 확신 있는 믿음생활을 시작하고, 신앙고백에 따라 사람들에게 기독교 신앙을 변증할 수 있길 바랍니다.

_감수: 서철원 교수 (전 총신대학교 조직신학 교수)

젊은이들이 교회를 떠나고 있는 시대에 많은 젊은이들을 일깨우고 있는 홍석균 목사님이 자신의 경험을 바탕으로 한 교재를 만들어 한국 교회에 영향을 미치게 됨을 감사하게 생각합니다. 무엇보다 이 책은 젊은이들이 거부하는 거대 담론인 교리를 젊은이들이 좋아하는 카툰을 보는 것과 같이 쉽게 접근해 편찬되었습니다. 현 시대에 홍목사님의 저서는 젊은 세대가 읽기만 해도 이해될 수 있도록 이야기를 통해 설명해 가고 있는 것이 참으로 인상적입니다. 어찌 보면 예수님께서도 교리를 비유를 통해 가르치셨듯이 이 책은 복음서를 읽는 것과 같이 쉽게 접근할 수 있는 책입니다. 이 책으로 인하여 다음세대가 신앙의 뿌리가 더욱 견고하게 세워지고 이단 세력을 물리치고 한걸음 더 나아가 교회에 귀한 일꾼들로 세워질 수 있을 것이라 기대해 봅니다. 앞으로 이 책이 한국교회의 청년들에게 더 많이 읽혀져서 교회들마다 부흥의 역사가 이루어지길 기도합니다.

_정우홍 교수 (총신대학교 설교학 교수)

어떤 사람들은 교회를 오래 다녔음에도 불구하고 신앙과 삶이 불일치하거나 교회를 등지는 경우를 봅니다. 그 이유는 믿음에 대한 확신이 없기 때문입니다. 확신이 있다면 바른 삶을 살고 옳은 길을 행할 수 있습니다. 확신은 어떻게 가지게 되는가요? 말씀을 제대로 배울 때 온다고 성경은 말합니다. '그러나 너는 배우고 확신한 일에 거하라 너는 네가 누구에게서 배운 것을 알며' 딤후3:14 사역의 노장老將이었던 바울은 목회 초년생인 디모데에게 사역의 기술보다는 먼저 바른 진리를 '배울 것'을 강조합니다. 그래야 '확신'이 들고 옳은 일에 '거함'행함이 있기 때문입니다. 바른 진리란 체계화된 교리creed입니다. 체계화된 교리를 배우고 알게 되면 어떤 공격이 와도 이길 수가 있습니다. 이 책은 기독교의 핵심 교리를 명확하게 설명합니다. 각 챕터별로 따라가면 기독교 신앙에 대한 확신을 가질 수 있도록 도와줍니다. 제자훈련이나 양육반에서 필독서로 사용하고 소그룹에서 책 나눔을 가져도 유익할 것입니다. 체계화된 교리 교육을 통해 교회 공동체와 다음세대가 건강하게 세워지길 기대합니다.

_엄기영 목사 (전 상하이 한인연합교회 담임)

홍석균 목사님의 『손에 잡히는 쉬운 기독교 교리』는 현장에서 청년들과 함께 고민하며 이 시대에 하나님께서 주시는 말씀은 어떤 것인지를 기도하고 연구하면서 집필한 책입니다. 총신대학교 목회신학전문대학원에서 박사 학위를 취득하고 목회 현장에서 사역하고 있는 홍 목사님의 땀과 눈물과 기도를 담아 이 책은 편찬되었습니다. 혼란한 시대 젊은이들에게 성경적인 가르침과 교훈을 주게 될 참 좋은 책으로 젊은이들의 소그룹 성경공부 모임에서도 필독서로 널리 사용되기를 권장합니다. 뿐만 아니라 기독교의 핵심교리를 담고 있어서 젊은이들뿐만 아니라 장년층과 청소년층에게도 활용할 수 있을 것입니다.

바른 신앙은 배움이 일어난 후에 나눔이 있는 신앙이어야 하는데, 『손에 잡히는 쉬운 기독교 교리』는 그런 의미에서 아주 좋은 책이 될 것으로 생각합니다. 아울러 홍 목사님이 출간한 주제별 성경공부 시리즈 『하나님 프레임으로 살아가기』도 배움과 함께 나눔이 균형 잡혀 있어서 이 책과 함께 건강한 그리스도인으로 양육하기에 아주 적합한 것이라고 확신합니다.

부디 이 책을 통해 건강한 다음 세대가 세워지기를 바라며 기쁨으로 추천하는 바입니다.

_채이석 목사 (총신대 목회전문대학원 교수)

홍석균 목사님과의 만남을 잊을 수 없습니다. 청년 한 영혼 한 영혼을 진리의 말씀으로 세워 나가는 목사님의 사역 현장은 사랑이었습니다. 진리의 기초 위에 한 사람을 세워가는 목사님의 마음이 담긴 책이 출판되어 기쁩니다. 진리가 무너진 혼돈의 시대에 홍목사님의 사역을 주목해야 할 이유가 있습니다.

_조지훈 목사 (기쁨이 있는 교회 담임)

한국기독교이단상담소에 따르면 한국에 존재하는 이단 단체는 200여개가 되고, 이단 신도의 수는 200여만 명이 넘는다고 합니다. 한국 기독교는 1980년대 말을 변곡점으로 신도의 수는 점점 감소하는 반면에 이단종교는 꾸준히 증가하고 있다는 것은 주목해야 할 일입니다. 한 이단 단체는 그들이 주장하는 교리를 일주일에 4일, 3시간씩 가르치고 시험에 합격한 자들에게만 정식 멤버십을 준다고 합니다. 이단종교에서는 거짓을 가르치면서 옳은 것을 가르치는 정통교회보다 더 열심을 내고 있습니다. 반면 정통교회는 옳은 것을 가르침에도 불구하고 주저하고 있습니다. 점점 이단은 성장하는데, 정통교회는 오히려 감소하고 있는 이유는 무엇일까요? 여러 가지 원인이 있겠지만 대표적인 것은 교리creed 교육의 부재라고 할 수 있습니다. 교리는 기독교의 심장과 같은 근본 진리입니다. 그럼에도 불구하고 한국교회는 기독교의 핵심이라고 할 수 있는 교리 교육을 도외시해 왔습니다. 그런데는 나름의 이유가 있습니다.

첫째는 교리는 딱딱하고 복잡해서 고리타분한 이야기라고 생각했기 때문입니다. 오늘날 이 시대를 스피드 시대라 하여 음식도 '즉석', '간편' 음식이 대세가 되었습니다. 이러한 모습은 신앙생활에서도 먹기 쉬운 것, 보기 좋은 것만 선호하는 경향으로 바뀌게 되었습니다. 그래서 사역자들도 눈에 보이는 결과를 빨리 얻을 수 있는 프로그램만 가르치게 되었습니다.

둘째는 교리는 성경의 진리와 별개로 생각했기 때문입니다. 교리는 각 교단과 교파의 정치적인 이해관계에서 비롯되었고, 또 불완전한 교회에 의해 만들어 졌기 때문에 신뢰할 수 없는 것으로 오해했습니다. 그래서 교리공부는 불필요한 시간낭비라고 여겨 왔던 것입니다. 그러나 교리는 사도들의 신앙고백사도신경 위에 세워졌습니다. 그래서 교리는 성경으로부터 오는 권위가 있습니다. 사도신경이 만들어진 배경은 1세기 초대교회가 대내외적인 공격을 받을 때였습니다. 로마의 핍박이라는 외적인 공격과 이단의 발흥이라는 내적인 공격으로 성도들은 급속히 교회를 이탈했고, 급기야 배교하기에 이르렀습니다.

이러한 위기 가운데 사도들은 교회를 지키기 위해 신앙고백을 체계화해야 했고, 사도신경 교리를 공식화했던 것입니다. 복음서가 성령의 감동하심을 받은 사도들에 의해서 기록된 것처럼 사도신경도 성령의 감동하심으로 확립된 것입니다. 결국 이 신앙고백이 대내외적인 공격으로부터 교회를 굳건히 지켜낼 수 있었습니다. 그런데 이러한 공격은 항상 시대마다 있어 왔습니다. 중시시대에는 교권주의와 형식주의가 교회를 공격했습니다. 그 때 종교 개혁가들은 '오직 믿음', '오직 은혜', '오직 성경'을 외치며 바른 교리를 수립해 갔고, 신앙절개를 지킬 수 있었습니다.

지금 우리는 현대와 미래시대를 잇는 과도기에 있습니다. 4차 산업 혁명으로 이어지는 미래는 어떤 공격이 우리를 위협해 올지 예측할 수 없습니다. 이러한 때에 우리가 준비해야 할 것은 무엇인가요? 언제나 역사의 교훈을 통해 미래를 예견할 수 있듯이 지금 우리에게 필요한 것은 다시 기독교의 기본진리로 돌아가는 일입니다. 교회를 위협하는 공격이 드세어 간다 할지라도 교회는 변함없이 신앙체계를 세워 나가야 합니다. 분명한 신앙체계가 확립되어 있으면 어떠한 위협에도 굴복하지 않고 이단의 공격에도 반드시 승리할 수 있을 것 입니다.

이 책은 기존에 교리는 딱딱하고 복잡해서 이해하기 힘들다는 선입견에서 벗어나 쉽고 실생활에 적용할 수 있는 핵심진리를 담았습니다. '하나님은 과연 존재하는가?', '인간은 어디에서 와서 어디로 가는가?', '선악과를 따 먹은 적도 없는 우리가 원죄의 지배를 받아야 하는가?', '성경에 삼위일체라는 단어도 없는데 믿어야 하는가?', '천사와 사탄은 존재 하는가?', '종말은 정말 올 것인가?' 등등에 대한 질문을 던지며 그에 대한 답을 성경적으로 하나하나 찾아 갔습니다. 그리고 내용이 딱딱하지 않게 비유나 예화를 통해서 독자들의 이해를 도왔습니다. 뿐만 아니라 위 내용을 기반으로 삶의 변화까지 이끌도록 묵상할 수 있는 적용을 덧붙였습니다. 사도바울은 에베소서 6장에서 영적전쟁에서 이길 수 있는 영적인 무기를 소개해 주었습니다. 6가지 영적 무기를 소개 하는데, 바울이 가장 먼저 언급하는 것은 '진리의 허리띠'였습니다.

19세기 영국의 복음주의 설교자였던 마틴 로이드존스 목사님은 진리의 허리띠를 기독교의 신앙체계인 '교리'라고 설명하였습니다. 허리띠는 전투에서 모든 무기를 장착할 수 있는 장비로서 우리의 신앙에서도 교리로 허리띠를 단단하게 동여 맬 때 다른 무기들까지 장착할 수 있습니다. 바라기는 이 책을 통해 신자들의 강력한 신앙체계가 무장되어 세상에 맞서 이길 수 있는 영적 군사가 되길 소망합니다. 오늘날 많은 사람들이 한국교회의 미래를 암울하다고 말하지만 교리 체계가 견고하게 세워진다면 한국교회는 반드시 희망이 있습니다.

이 책이 나오기까지 사랑과 교훈으로 지도해 주신 영적 아버지, 도원욱 목사님과 삼은대길교회 식구들, 그리고 책을 예쁘게 디자인해 준 박정현 집사님, 항상 기도로 목회사역을 후원하시는 부모님과 평생지기 이숙현 사모와 세 자녀, 은수, 서은, 은규와 이 기쁨을 나누고 싶습니다.

저자 **홍석균** 목사

차 례

1. 나보고 하나님을 믿으라고?

하나님에 대한 질문

교회를 다니다 보면 신앙의 대상에 대한 실제적인 의문이 생길 때가 있습니다. 말씀을 따라 살아가려고 애쓰고 기도도 하지만 내 앞에 놓인 상황은 좀처럼 나아지지 않습니다. 그때마다 항상 따라 오는 질문은 **'하나님은 과연 존재하는가?'** 입니다.

그 질문에는 여러 이유가 있겠지만 가장 대표적인 이유는 하나님은 **인간의 눈에 보이지 않기 때문**입니다. 하나님이 눈에 보이기라도 한다면 문제에 대해 질문이라도 할 건데, 도무지 보이지가 않으니 더 답답해집니다. 이러한 질문은 비단 교회를 다니는 분들에게만 아니라 세상 사람들에게도 기독교 신앙을 **전하다 보면** 이렇게 반문합니다.

'하나님은 과연 존재하는 거 맞아? 보이지도 않는 하나님을 나

보고 믿으란 말이야?'

사실 이 시대는 보이는 것도 믿을 수 없는 시대입니다. 이런 시대에 보이지 않는 하나님을 믿으라고 하는 것은 넌 크리스천 Non-Christian 입장에서는 전혀 납득이 되지 않습니다. 그렇다면 하나님은 보이지 않기 때문에 정말 존재하지 않는 분이실까요?

1. 하나님의 존재

하나님은 보이지 않기 때문에 존재하지 않는다고 주장하는 사람들에게 하나님의 존재를 증명하는 방법이 있습니다.

반대의 논리로 접근하는 방법입니다. 만약 하나님이 보이시는 분으로 계신다면 과연 어떤 일이 벌어질까요? 하나님이 어떤 형상이나 물질로 존재한다면 사람들은 어떻게 반응할까요?

보다 쉽고 빨리 하나님의 존재를 믿을 수 있습니다. 하나님이 보이지 않기 때문에 믿을 수 없었는데, 보이는 분으로 계신다면 쉽게 하나님의 존재가 **증명**될 것입니다. 둘째는 하나님을 쉽게 전할 수 있습니다.

어느 한 친구가 자기 집에 람보르기니 외제차가 있다고 말했습니다. 주위 친구들이 그의 말을 믿지 않았습니다. 왜냐하면 그 친구의 허름한 옷차림을 보아하니 거짓말 같았기 때문입니다.

화가 난 친구가 그 다음날 실제로 람보르기니를 몰고 왔습니다. 사람들이 믿을까요? 당연히 믿습니다. 사람들은 일반적으로 눈에 보이는 **증거**가 있으면 믿게 됩니다. 하나님도 실제로 눈에 보이는 형상이나 물질로 존재하면 쉽게 믿을 수 있고, 또 쉽게 전할 수 있습니다.

그러나 하나님이 보이는 분으로 존재하시면 어떤 일이 벌어질까요? 시간과 공간의 제약을 받습니다. 한 친구가 람보르기니가 있다고 말했습니다. 그런데 있기는 한데 미국에 있다고 했습니다. 그러면 미국에 있는 친구들은 친구의 람보르기니를 보았기 때문에 믿을 수 있습니다. 그러나 한국에 있는 친구들은 보지 못했기 때문에 믿을 수 없는 것이 당연한 일입니다. 만약 확실한 증거를 보이려면 람보르기니를 미국에서 한국으로 가져와야 합니다. 많은 경비를 주고, 수일의 시간을 들여서라도 가져와야 할 것입니다.

마찬가지로 하나님도 보이시는 형상이나 물질로 존재한다면 시간과 공간의 제약을 받습니다. 하나님이 어떤 형상이나 물질로 미국에서 계실 때는 한국에서는 만나지 못합니다. 반대로 한국에 계실 때는 미국에서 만나지 못하게 됩니다. 둘째는 인간의 조종과 통제를 받게 됩니다. 만약 하나님이 나무나 돌같이 신상으로 존재한다면 사람들은 그 신상을 사유화하려고 할 것입니다.

전설적인 가수 마이클 잭슨이 2009년 6월 25일에 사망하고 난 뒤에 그의 유품이 경매에 붙여졌습니다. 장갑이 19만 달러당시 한화 2억 3천 여 만원에, 흰색 중절모는 5만 6천 250달러당시 한화 9천 여 만원에 낙찰되었습니다. 유명인이 죽었을 때 사람들은 그 유품을 사유화하려고 합니다. 하물며 조물주이신 하나님이 어떤 **형상**이나 **물질**로 되어 있다면 인간은 수백조원을 들여서라도 자신을 위한 존재로 만들어 버릴 것입니다.

어떤 이들은 하나님께 잘 보이려고 로비를 해서라도 **소유**하려고 할 것입니다. 결국 하나님은 인간들의 필요와 요구에 의해서 **통제** 당하게 되어 더 이상 하나님일 수 없게 됩니다.

> 하나님이 형상으로 물질로 존재하지 않으시는 이유를 성경적 용어로 말하면 무소부재(無所不在 : 계시지 아니하신 곳이 없다.) 하시기 때문입니다.

2. 하나님의 존재를 아는 방법 (계시)

그렇다면 보이지 않는 하나님의 존재를 어떻게 알 수 있을까요? 하나님을 관념이나 신념으로 믿어야 할까요? 아닙니다. 하나님은 계시로 당신을 드러내셨고 우리는 그 계시를 통해서 하나님을 알 수 있습니다. **계시**revelation는 하나님의 존재와 속성, 당신의 뜻과 계획을 알리시는 신적인 활동입니다.

1) 일반 계시General revelation

하나님이 자신을 드러내시는 방법 중에 우리 주변에서 일어나는 환경과 현상을 통해서 드러내신 것을 **'일반계시'**General revelation라고 합니다. 그 계시를 로마서 1장 19절에서는 하나님을 알 만한 것들이라고 합니다. 하나님을 알만한 것들은 어떤 것이 있을까요?

> 이는 하나님을 알 만한 것이 그들 속에 보임이라 하나님께서 이를 그들에게 보이셨느니라 (롬 1:19)

① 양심과 종교성

첫째는 **양심**conscience입니다. 신은 없다고 하는 사람들 중에 자신에게 '양심'이 없다고 말하지는 않습니다. 그들은 '나는 양심에 부끄럼이 없이 살았어. 나는 지금까지 양심껏 행동하고 있어.'라고 말합니다. 신은 없다고 하는 사람들도 물건을 훔치거나 거리끼는 행동을 하면 양심에 가책을 받습니다. 양심이 있다는 말은 엄밀하게 말하면 **하나님**神에 대한 존재를 인식하고 있다는 증거입니다. 그들은 양심에 따라 바른 행동을 한다고 하지만 더 근본적인 이유는 이런 행동으로 죄에 대가를 받을 수 있다는 의식 때문에 경계하는 것입니다. 물론 양심의 가책이 전혀 없는 패륜아와 같은 사람도 있습니다. 그러나 보편적으로 사람은 양심을 통해서 하나님의 존재를 인식합니다.

둘째는 **종교성**a religious attribute입니다. 신이 없다고 하는 사람도 의식 또는 무의식중에 종교성을 가지고 있습니다. 만약 누군가가 다리를 떨면 '에이, 이 놈아, 복 나간다.'라고 말합니다. 밤에 발톱을 깎으면 '귀신이 붙는다.'라고 말하기도 하고, 누군가가 자신의 이름을 빨간색으로 쓰면 '왜 부정 타게 빨간색으로 이름을 적어'라고 말합니다. 수능시험을 치게 되면 교문에 엿을 붙이는 것도 소원을 들으시는 절대자를 의식하는 것입니다. 사람에게 있는 이러한 종교성은 비록 신앙심은 아니지만 신에 대한 존재를 **의식**하고 있다는 증거입니다.

② 자연 만물

자연 만물을 통해서 하나님을 알 수 있습니다. 조각가가 자신이 만든 공예작품에 그의 생각과 철학을 드러내듯이 하나님이 만드신 창조만물을 통해서 하나님의 신성과 뜻을 알 수 있습니다.

> 창세로부터 그의 보이지 아니하는 것들 곧 그의 영원하신 능력과 신성이 그가 만드신 만물에 분명히 보여 알려졌나니 그러므로 그들이 핑계하지 못 할지니라 (롬 1: 20)

하늘의 별들을 통해 하나님을 드러내셨습니다. 하늘의 수많은 별들을 보세요. **한 치의 오차도 없이** 움직입니다. 수성, 금성, 지구, 화성, 목성, 토성, 천왕성, 해왕성, 명왕성과 같은 대행성들과 지름이 1~800㎞ 이하의 소행성들이 우주 공간에서 질서 있게 움직이고 있습니다. 또 지구질량의 1/3,000 정도로 작은 행성들도 약 3,000개나 있습니다.

행성 주위를 도는 위성이 지구에는 1개, 화성은 2개, 목성은 16개, 토성은 23개, 천왕성은 5개, 해왕성은 3개나 있습니다. 또 타원 모양으로 된 혜성이 태양 주위를 공전하고 있으며 핼리 혜성은 역방향으로 움직이기도 합니다.

유성과 운석(별똥별)은 혜성의 파편으로서 우주를 떠돌아다닙니다. 그런데 놀라운 것은 이러한 천체의 움직임이 기가 막힌 **질서** 안에 돌고 있다는 것입니다. 이것이 어떻게 우연으로 가능한 일일까요? 사계절을 통해서도 하나님을 드러내셨습니다. 봄 여름 가을 겨울이 규칙적으로 돌아가는 것을 보십시오. 봄에 씨를 뿌리면 무더운 여름에 열매가 익고 가을에는 열매가 맺힙니다.

추운 겨울이 지나고 어김없이 생명이 싹트는 봄이 오는 것은 **조물주의 섭리**입니다. 이러한 사계절의 운행과 질서는 우연의 일치가 아니라 **절대자에 의한 힘**으로 움직이고 있다는 증거입니다.

또 자연재해와 기상이변도 하나님의 존재를 증명합니다. 우리가 사는 세상에서는 기상 슈퍼컴퓨터도 예상하지 못하는 자연재해와 기상이변이 발생합니다. 비록 예상했다 할지라도 쓰나미나 지진이 발생하면 수천 명에서 수십만 명이 죽기도 합니다.

슈퍼 태풍이 몰려올 때도 한 순간에 수많은 사람들의 목숨을 앗아가는 것도 마찬가지입니다. 인간은 거대한 자연재해와 기상이변 앞에 속수무책으로 당할 수밖에 없습니다. 이 모든 것은 만물을 운행하는 **하나님이 존재하고 있다는 것을 드러내는 증거**입니다.

2) 특별계시 Special revelation

양심과 종교성, 자연계시와 다르게 하나님을 알만한 것을
드러내신 특별한 방법이 있는데, 성경입니다. 성경을 '**특별계
시**'Special revelation라고 합니다. 왜 '특별'이라는 수식어가 붙게
되냐면 특별계시로만 구원을 얻을 수 있기 때문입니다.

자연만물을 통해서 하나님의 존재를 알 수는 있습니다. 그러
나 자연만물을 통해서 구원을 받을 수는 없습니다. 오직 특별계
시인 성경을 볼 때만 영생을 얻을 수 있습니다.

> 너희가 성경에서 영생을 얻는 줄 생각하고 성경을 연구하거
> 니와 이 성경이 곧 내게 대하여 증언하는 것이니라 (요 5:39)

여러분은 사랑하는 사람에게 자신 마음을 전달할 때 어떠한
방법을 사용 하나요? 오늘날 대다수의 사람들은 전화나 문자
또는 **SNS** Social Network Service를 사용합니다. 그러나 과거와 같
이 통신수단이 발달되지 않았을 때는 유일한 전달 방법은 편지
였습니다. 글에는 다양한 표현법이 있어서 **설득력**이 있기 때문
입니다.

하나님도 자신을 소개하실 때 선택하셨던 방법이 있었는데,
글문자이었습니다. 성경은 하나님이 우리에게 **당신을 소개하신 편
지**입니다. 따라서 성경을 읽으면 읽을수록 하나님은 어떤 분이
시고, 어떤 일을 하셨으며 우리를 향한 계획이 무엇인지를 알 수

있습니다.

3. 하나님의 성품

하나님은 어떤 분이신지를 아는 것은 그분은 성품을 안다는 뜻입니다. 하나님 성품에는 두 가지가 있습니다.

첫째는 **비공유적 성품**입니다. 이 성품은 **인간과 공유할 수 없는 성품**입니다. 하나님은 창조주이고 인간은 피조물이기 때문에 구별되는 속성이 있습니다. 인간은 전지전능할 수 없습니다. 아무리 과학이 발전해도 인간이 할 수 없는 영역이 있습니다.

또 인간은 무소부재無所不在하지 않습니다. 인간은 존재하지 않는 곳이 없는 존재가 아닙니다. 그럼에도 불구하고 인간의 한계를 망각하고 신이 되고자 바벨탑을 쌓다가 결국 무너져 역사에서 사라져 버렸습니다창 11:1-9.

인간은 유한한 존재입니다. 그래서 이것을 하나님은 인간과 구별되는 성품이라고 말합니다.

둘째는 **공유적 성품**입니다. 이 성품은 인간과 공유할 수 있는 성품입니다. 하나님은 창조주이시고 인간은 피조물로서 범접할 수 없는 영역이 있습니다. 그러나 우리가 하나님을 **닮아 갈 수 있는 영역**도 허락하셨습니다. 부모의 가장 큰 기쁨은 자녀가 부모를 닮는 것입니다. 부모가 정직하고 선을 베풀며 살아가는데 자녀는 늘 거짓말만 하고 사람들에게 피해만 준다면 부모의 근심은 늘어만 갈 것입니다. 하나님도 마찬가지입니다. 하나님은 인간이 하나님의 형상과 예수님의 성품으로 닮아가길 원하십니다. 어떤 사람은 우리는 예수님이 아니기 때문에 예수님처럼 살 수 없다고 단정합니다. 그러나 그것은 하나님이 우리에게 주신 공유적 성품을 무시하는 처사입니다.

예수님이 사랑을 나누셨고, 공의로우셨으며, 선을 베풀며 사셨던 것처럼 우리 또한 사랑하고 공의를 행하고 선을 베풀 때 우리가 예수님의 제자임을 증명할 것입니다. 이러한 삶이 **하나님이 기뻐하시는 삶**입니다.

> 이로써 그 보배롭고 지극히 큰 약속을 우리에게 주사 이 약속으로 말미암아 너희가 정욕 때문에 세상에서 썩어질 것을 피하여 신성한 성품에 참여하는 자가 되게 하려 하셨느니라
>
> (벧후 1: 4)

하나님만 가지고 있는 성품 (비공유적 성품)	인간에게도 있는 성품 (공유적 성품)
영원, 전지, 무한, 전능, 불변, 자존, 무소부재...	사랑, 공의, 온유, 긍휼, 화평, 질투, 양선, 오래 참음...

저희집 막둥이가 두세 살 때 일입니다.

말을 트기 시작하면서 말하기 좋아했었습니다. 비록 떠듬떠듬 말했지만, 너무 사랑스럽게 보였습니다. 그런데 막둥이의 행동 중에 부모의 마음을 더 행복하게 했던 일이 있었는데, 목사인 저를 따라 하는 모습이었습니다. 찬양할 때면 두 손을 들고 찬양하는가 하면, 갑자기 눈을 지극히 감으면서 '주여~ 아버지~'라고 외치기도 했습니다.

심지어 제 머리에 손을 얹고 안수기도까지 했습니다. 그 모습에 어이가 없기도 했지만, 한편으로는 아버지를 닮아가는 모습을 보면서 이렇게 믿음 안에 건강하게 자라가기를 바라며 기도하게 되었습니다. 하나님도 우리가 아버지이신 하나님의 아름다운 성품을 닮아가기를 바라십니다. 그분의 성품을 닮아갈 때 어느덧 성숙한 신자의 모습을 가지게 될 것입니다.

2. 성경, 진짜 실화냐?

1. 성경을 받아들이지 않는 사람들

성경기록을 믿지 않는 사람들의 특징이 있는데, **이성으로 납득**되지 않는다고 말합니다. 교회에 처음 나온 한 청년이 있었습니다. 그는 기독교 신앙에 대해 전혀 배경이 없었습니다. 그래도 성경을 읽으면 기독교를 알 수 있다고 생각해서 성경을 읽기로 했습니다. 어디서부터 읽어야 할까 고민하다가 책의 앞장에 나오는 창세기부터 읽었습니다. 큰맘 먹고 성경을 읽어 내려가는데 창세기 5장에서 막혀 버렸습니다.

왜냐하면 아담의 족보에서 아담을 비롯한 그의 후손들이 900세를 넘게 살았던 이야기가 나왔기 때문입니다. 그 때부터 그 청년은 성경을 불신했습니다. 사람이 어떻게 900세 이상을 살 수 있냐며 성경을 덮었고, 기독교 신앙은 믿을 것이 못된다며 불신했습니다.

이러한 일들은 비단 새신자들에게만 국한되는 것이 아닙니다. 사실 성경을 보면 우리의 이성과 상식으로 이해되지 않는 부분들도 많습니다. 죽은 자가 살아나거나, 바다가 갈라진다거나, 처녀가 아기를 낳는 내용은 비상식적입니다. 그래서 많은 사람들이 믿지 않습니다.

어떤 이들은 성경을 믿을 수 없는 이유가 **성경의 편집 과정**이라고 말합니다. 성경은 40명의 저자가 1,600년 동안 크게 세 가지 언어히브리어, 헬라어, 아람어로 기록되었습니다. 성경은 기록 당시 파피루스, 가죽이나 돌에 기록됐는데 후대에 교회가 흩어져 있는 사본을 하나로 모았습니다. 그래서 어떤 이들은 이런 오랜 과정 속에 어떻게 하나의 오차도 없이 성경이 수집되고 편집될 수 있느냐고 의문을 제기합니다. 그래서 성경의 권위를 인정할 수 없다고 말합니다.

또 성경 기록을 **왜곡**하는 사람들이 있습니다. 그들은 성경이 **받아쓰기 식**으로 기록되었다고 믿습니다. 성경을 기록할 당시에 모든 저자들이 후대에 성경으로 기록되어 진다는 것을 알고 기록했다는 주장입니다. 그래서 하나님이 불러 주시면 저자가 받아쓰기 형식으로 기록했다고 합니다. 그러나 성경은 받아쓰기 형식으로 기록한 것이 아닙니다. 왜냐하면 성경의 기록된 당시 **장르**를 보면 알 수 있습니다. 예를 들어 **신명기**는 모세가 애굽에서 나온 제 2세대를 위해 기록했습니다. 엄밀하게 말하면 이스라엘 백성들이 가나안에 들어가서 이방 문화 속에 하나님의 백성으로 정체성을 잊지 말라는 설교였습니다.

시편은 다윗을 포함한 여러 시인들이 하나님을 노래하고 자신의 인생사를 기록한 시집입니다. **디모데전후서**는 바울이 디모데에게 후배목회자에게 목회를 가르쳐 준 편지였습니다. 이 때 모세와 시인과 바울이 글을 쓰면서 이 글이 성경이 될 것이라고 미리 알고 썼을까요?

한 치의 오차가 있으면 안 된다고 생각해서 안 틀리려고 받아쓰기 형식으로 기록했을까요? 그럴 리 만무합니다. 또 인간은 유한하기 때문에 아무리 완벽하게 받아쓰기 형식으로 썼다 할지라도 실수가 있습니다. 저자는 처음부터 이 글이 성경을 기록될 것이라는 것을 몰랐습니다. 다만 하나님은 그들을 사용하셨고, 후대에 **하나님의 섭리** 가운데 수집하시고 하나로 엮으셨습니다.

또 **천재적인 사람**에 의해 기록되었다고 믿습니다. 이 세상에서 가장 천재가 누구였을까요? 프랑스의 수학자, 물리학자였던 파스칼이었나요? 아니면 코페르니쿠스보다 1세기 앞서 지동설을 주장한 이탈리아의 천문학자, 물리학자였던 갈릴레오였을까요? 아니면 독일의 철학자, 해부학자, 과학자, 그리고 대작 "파우스트"의 저자였던 괴테였을까요? 아무리 그들이 천재라고 할지라도 인간은 유한합니다. 괴테도 "자신도 실수하는 자"라고 고백한 것을 보면 인간은 유한한 존재라는 것을 인정할 수밖에 없습니다. 완벽한 천재는 이 세상에 존재하지 않습니다. 인간 자체가 완벽해서 성경을 실수 없이 기록한 것이 아닙니다. 그렇다면 성경을 믿을만한 것이 못 되나요?

성경의 권위를 받아들이기 어려운 것일까요? 아닙니다. 기독교는 성경을 모든 신앙의 근간으로 받아들입니다. 그렇다면 성경의 어떤 권위 때문에 하나님의 말씀으로 받아들이는 것일까요?

2. 성경의 권위

> 예언은 언제든지 사람의 뜻으로 낸 것이 아니요 오직 성령의 감동하심을 받은 사람들이 하나님께 받아 말한 것임이라 (벧후 1:21)

> 모든 성경은 하나님의 감동으로 된 것으로 교훈과 책망과 바르게 함과 의로 교육하기에 유익하니 (딤후 3:16)

첫째는 하나님의 감동Inspiration of God으로 되었기 때문입니다. 성경을 기록할 당시에 특별한 **성령의 역사**가 있었습니다. 이것을 하나님의 감동이라고 합니다. 저자들은 역사나 시나 편지를 기록할 때 이 글이 성경이 될 줄을 몰랐지만 하나님은 성경이 될 것을 계획하셨습니다. 하나님은 40명의 저자들이 글을 쓸 때 하나님의 보호 아래 기록하게 하셨습니다. 성경은 시대가 다르고 저자도 다르지만 **통일된 주제**를 가지고 있습니다.

왜냐하면 **성경의 원저자**Original Author가 하나님이시기 때문입니다. 성경의 내용을 보면 구약의 내용과 신약의 내용이 서로 맞아 떨어지는 부분이 있습니다. 이것을 **성경의 통일성**이라고 합니다. 혹자는 어떻게 다른 사람이 기록했는데, 통일된 주제를 가지고 있을 수 있냐고 반문 할 수 있습니다. 그러나 다른 사람이 기록 해도 성경은 통일성을 가집니다.

비유컨대, 어떤 기수騎手가 한 장소에서 다른 장소로 말을 타고 가는 것을 생각해 봅시다. 어제 탄 말은 백마이고 오늘 탄 말은 흑마일 수 있습니다. 말과 승마방식이 다를 수 있지만 한 목적지를 향하여 나간 것을 부인할 수 없는 이유는 기수가 같은 사람이기 때문입니다. 마찬가지로 성경은 원저자이신 하나님이 기록해 가셨기 때문에 저자의 문체, 문화, 지식 정도가 다르다 할지라도 통일된 주제를 가질 수 있습니다.

둘째는 **성경의 자증**Autopistis of The Bible때문입니다. 성경은 **스스로 증거**하는 책입니다. 성경은 누구에게도 권위를 부여받지 않습니다. 왜냐하면 궁극적으로 성경 자체가 주는 권위보다 높은 권위가 없기 때문입니다. 성경은 하나님이 저자들에게 감동을 주셔서 기록하셨습니다. 창조주 하나님보다 높은 권위가 어디 있겠습니까? 성경의 궁극적인 권위는 **성경 그 자체**에서 나옵니다.

비유컨대 미국의 대통령은 도널드 트럼프입니다. 그의 권위는 미합중국에게 있습니다. 유럽연합과 중국이 아무리 강해도 미국을 함부로 할 수 없습니다. 왜냐하면 미국은 세계 1위의 강국이기 때문입니다. 권위는 높은 위치의 사람이 낮은 위치의 사람에게 부여할 때 생깁니다. 그러므로 성경의 권위도 인간이 부여

해서 생기는 것이 아니라 전능하신 하나님이 기록하셨기 때문에 **성경 자체에 권위가 있습니다.**

셋째는 **성경의 무오성**聖書無誤性때문입니다. 성경은 역사, 지명, 연대와 인물에 있어서 **어떤 오류가 없습니다.** 왜냐하면 하나님의 영감으로 되었기 때문입니다. 구약성경에서 '여호와께서 이르시되', '여호와께서 내게 이르시되'와 같이 하나님이 말씀하신 것을 나타내는 표현들이 무려 3,808번이나 나옵니다. 이 표현은 **성경은 한 치의 오차도 없이 기록되었다**는 것을 뜻합니다.

구약의 증거

> 여호와께서 그의 손을 내밀어 내 입에 대시며 여호와께서 내게 이르시되 보라 내가 내 말을 네 입에 두었노라 (렘 1:9)

> 여호와께서 말씀하신즉 누가 예언하지 아니하겠느냐
> (암 3:8)

신약의 증거

> 내가 이 두루마리의 예언의 말씀을 듣는 모든 사람에게 증언하노니 만일 누구든지 이것들 외에 더하면 하나님이 이 두루마리에 기록된 재앙들을 그에게 더하실 것이요 만일 누구든

지 이 두루마리의 예언의 말씀에서 제하여 버리면 하나님이 이 두루마리에 기록된 생명나무와 및 거룩한 성에 참여함을 제하여 버리시리라 (계 22:18-19)

넷째는 **성경과 교회의 관계성** 때문입니다. 성경의 권위를 믿을 수 없다는 이유를 들 때는 결국 성경의 권위를 교회가 승인해 준 것이 아니냐라는 질문입니다. 그들은 여기 저기 굴러다니는 율법서, 선지서, 사도들의 글을 모아서 정경canon[1]으로 승인한 것이 교회가 아니었는가라고 성경의 권위를 못 믿는다고 합니다.

사실 구약의 결정은 AD 90년 유대교 얌니야 회의에서 37권을 70인역헬라어으로 받아들였습니다. 신약의 결정은 AD 397년 카르타고 회의에서 27권을 정경canon으로 받아들였습니다. 그러나 이러한 정경채택을 교회가 승인하였다고 하는 것은 위험한 일입니다. 왜냐하면 성경은 이미 교회가 있기 전에 있었기 때문입니다. 성경이 정경canon으로 될 때 다만 성령이 교회를 감동시키시고 인도하셔서 교회로 하여금 66권을 공식적으로 받아들이게 하셨습니다. **하나님은 성경을 주시면서 더하거나 감하지 않겠다고 이미 약속하였습니다.**

---

1 정경(Canon)이란 말은, 갈대라는 뜻의 히브리어 '카네'에서 유래되었습니다. 이 말이 헬라어 '카논'으로 번역되었고, 오늘날 영어의 '캐논'(Canon)이 되었습니다. '카네'는 습지에서 자라는 갈대 식물로서, 그 줄기가 길기 때문에 측량의 기준으로 사용되었습니다. 이러한 단어는 시간이 지나어떤 사물을 측정하는 '표준'이나 '척도', 그중에서도 특히 진정성이나 허위성을 판가름하는 '기준'으로 확대 사용되었습니다.

풀은 마르고 꽃은 시드나 우리 하나님의 말씀은 영원히 서
리라 (사 40:8)

3. 성령의 감동하심의 증거

신분과 지식에 의해 영향 받지 않습니다. 성경이 하나님의 말씀
이라는 것을 어떻게 사람들에게 알려 줄까요? 성령을 통해서입
니다. 불신자들은 성경을 볼 때 왜곡된 눈과 삐딱한 마음으로 보
기 때문에 성경을 제대로 볼 수 없습니다. 또 아무리 지혜가 뛰
어난 자라도 성령께서 깨우쳐 주시지 않으면 성경의 진리를 깨
달을 수 없습니다. 오직 성경은 성령의 감동으로 기록되었기 때
문에 성령의 감동하심으로 받아들이게 됩니다.

만약 초등학교를 나오지 않은 사람들은 성경이 이해되지 않고
고학력자에게만 이해되어진다면 과연 이 성경은 모든 사람들에
게 구원을 줄 수 있는 책이라고 할 수 있을까요? 아닙니다. 아무
리 지식수준이 높고 박사학위를 받았다 할지라도 **성령의 감동**이
없으면 성경은 깨달아지지 않습니다. 그래서 사도바울은 에베소
교회의 성도들에게 계시의 영_{성령}을 주셔서 하나님을 알기를 원
한다고 권면했습니다.

그러므로 우리가 하나님의 말씀을 듣거나 읽을 때 성령께서
진리의 빛을 비추어 주사 우리의 어두운 마음을 여시고 깨달을
수 있도록 기도해야 합니다.

> 우리 주 예수 그리스도의 하나님, 영광의 아버지께서 지혜
> 와 계시의 영을 너희에게 주사 하나님을 알게 하시고 (엡 1:17)

또, **성령님은 우리의 영혼을 소생시키십니다**. 모든 성경은 하나님의 감동으로 되었다고 말씀하십니다. 이 성경의 말씀이 우리의 삶에 능력으로 다가 오기 위해서는 어떻게 해야 하는가요? 호흡이 있어야 합니다. '감동'으로 되었다는 문장의 NIV은 "God breathed"입니다. 하나님이 **성령의 호흡**을 불어 넣으셔야 인간은 소생할 수 있습니다. 한 사람이 물에 빠졌다고 가정해 봅시다. 감사하게도 구사일생으로 건져냈습니다. 그러나 점점 의식을 잃어가고 있었습니다. 급박한 상황 가운데 사람을 살릴 수 있는 방법은 인공호흡입니다. 폐에 호흡을 넣어야 살 수 있습니다.

하나님이 최초에 인간을 만드실 때도 마찬가지입니다. 흙으로 아담을 만드시고 생기를 불어 넣을 때 살아나게 되었습니다. 우리의 삶을 소생되는 것은 말씀이 우리에게 떨어질 때 성령의 호흡이 함께 들어와야 합니다. 그 때 우리의 죽은 영혼이 살 수 있습니다.

> 모든 성경은 하나님의 감동으로 된 것으로 교훈과 책망과 바르게 함과 의로 교육하기에 유익하니 이는 하나님의 사람으로 온전하게 하며 모든 선한 일을 행할 능력을 갖추게 하려함이라 (딤후 3:16-17)

마지막으로, **성경에는 성령님의 큰 능력이 있습니다.** 말씀을 읽어 갈 때 성령님의 능력으로 세상을 이기며 살아가게 됩니다. 이렇게 성경에 큰 능력이 있음에도 불구하고 성경만큼 역설적인 책은 없습니다. 왜냐하면 성경이 가장 최고의 베스트셀러라는 명예가 있는 반면에 가장 성경을 읽지 않는 불명예가 있기 때문입니다.

성경은 능력 있는 책인데 그 성경을 믿는 신자들의 삶에는 왜 능력이 없는 것일까요? 1차적인 이유는 성경을 펼쳐 읽지 않고, 2차적인 이유는 성경을 철저하게 적용하지 않기 때문입니다.

만약 우리가 성경을 펼쳐서 읽고 철저하게 적용한다면 우리의 삶은 우울하지 않습니다. 무기력하지도 않습니다. 넘어지지도 않습니다. 다니엘과 그의 세 친구들이 어떻게 바벨론에서 이방인들에게 존경이 되었나요? 그들은 늘 말씀과 호흡하며 살았기 때문입니다. 말씀이 우리의 삶에 깊은 호흡으로 다가올 때 시대를 분별하고 비전을 깨달을 수 있습니다.

> 하나님이 이 네 소년에게 학문을 주시고 모든 서적을 깨닫게 하시고 지혜를 주셨으니 다니엘은 또 모든 환상과 꿈을 깨달아 알더라 (단 1:17)

미국이 낳은 대작가 루 월리스Lew Wallace는 본래 군인이며 장관이자 외교관이었습니다. 그는 평소에 기독교 신앙에 대해서 적개심을 가진 불신자였습니다. 그래서 하나님이 살아계시지 않는다는 것을 증명하는 작품을 만들기로 결심했습니다.

사람들이 그 작품을 읽으면 기독교를 떠나도록 하기 위함이었습니다. 그는 여러 자료들을 수집하고 마지막으로 성경이 거짓이라는 것을 폭로하기 위해서 성경을 읽기로 했습니다.

그런데 창세기부터 자세히 성경을 읽기 시작한 그는 복음서를 다 읽어가는 쯤에 갑자기 돌 같은 마음이 녹아져 내리기 시작했습니다. 큰 감동에 북받쳐서 인간의 죄인이 죄인이며, 예수가 인간을 위해서 죽으신 것과 그를 믿는 자에게 영생을 주신다는 것 성경의 모든 내용이 믿어졌기 때문이었습니다. 그래서 새로운 작품을 쓰기 시작했는데 그것이 바로 예수 그리스도의 생애를 소개한 대작 '벤허'였습니다.

성경이 믿을 것이 못 된다고 말하기 전에 성경을 가까이 해 보십시오. 하나님의 말씀을 펼치고 읽어 보십시오. 놀라운 하나님의 말씀이 내 삶의 깊은 확신으로 다가올 것입니다. 하나님을 사랑한다는 것은 말씀을 사랑한다는 것입니다. 하나님의 말씀을 사랑한다는 것은 하나님의 말씀을 읽는 것입니다. 한권의 책의 사람이 되십시오. 그 말씀의 능력이 우리의 삶을 견고하게 이끌어 가실 것입니다.

3. 1+1+1=1? 삼위일체

삼위일체에 대한 혼란

사람들이 교회에 처음 오면 혼란스러워 하는 기독교 용어들이 있습니다. 예를 들어 '형제님, 자매님!'이라는 호칭입니다. 피 한 방울도 섞이지 않았는데, 남자에게는 형제님, 여자에게는 자매님이라고 부릅니다. 그래서 새신자들은 '뭐 이렇게 교회는 가족 관계가 복잡해'라고 말하기도 합니다. 또 성찬식을 할 때 예수님의 살과 피를 먹고 마신다고 하면 혐오감을 느낍니다.

'어떻게 크리스천은 사람의 살을 뜯고 피를 마신다는 거야?'

그러나 이들은 **예수님의 죽으심의 의미**를 모르기 때문에 이렇게 오해합니다. 그런데 그 중에 가장 난해한 부분이 있는데, **'삼위일체'**입니다. 삼위일체 교리는 하나님을 지칭할 때 예수님이라고 부르기도 하고 성령님이라고 부르기도 합니다.

그래서 하나님의 별명이 예수님, 성령님이구나 생각했는데, 별명도 아니라고 하니 대단히 혼란스러워 합니다. 사실 이 삼위일체 교리는 교회를 오래 다닌 사람도 잘 이해가 되지 않는 교리입니다.

어떤 이유 때문인가요? 바로 하나님, 예수님 성령님이 구별된다고 하면서도 하나라고 하는 대목입니다. 그렇다고 성경에서 '삼위일체'라는 단어가 명시되어 있으면 좀 이해하기 쉬울 것인데 그렇지도 않기 때문에 이해하기가 여간 쉬운 일이 아닙니다.

1. 기독교의 핵심교리 삼위일체

삼위일체에 많은 오해와 논란은 있지만 **삼위일체는 기독교의 분명한 핵심 교리입니다.** 신자들은 삼위일체 하나님을 믿고 예배합니다. 그래서 신자들이 외우는 사도신경을 보면 "전능하사 천지를 만드신 하나님 아버지를 내가 믿사오며…"성부 하나님, "그 외아들 우리 주 예수 그리스도를 믿사오니…"성자 예수님, "성령을 믿사오며…"성령 하나님라고 고백합니다. 이 말은 삼위일체 하나님을 사도들이 고백했다는 것인데 어떻게 세 분이 하나라고 하는 걸까요? 이 때 삼위일체를 이해하기 전에 먼저 전제해야 할 것이 있습니다.

삼위일체는 너무나 어렵고 신비로운 것입니다. 그래서 이것은 단지 지적인 능력으로만 이해할 수 없습니다. 그러므로 삼위일체에 관한 교리를 볼 때는 하나님께서 우리에게 성령의 깨달음을 주셔서 잘 이해할 수 있도록 기도하는 마음으로 접근해야 함을 명심해야 합니다.

1) 삼위일체의 성경적 근거

하나님은 복수plural number**로 존재하십니다.** 하나님은 인간을 만드실 때 우리의 형상our image을 따라 우리의 모양our likeness대로 만드셨다 하여 하나님은 복수plural number로 계셨음을 보여 주십니다. 또 예수님이 세례를 받으실 때도 삼위 하나님이 함께 계셨습니다. 성자 예수님이 세례를 받으시고 물에서 올라오실 때 성령 하나님이 비둘기같이 하늘에서 내려오셨고, '내 사랑하는 아들이요'라는 성부 하나님의 음성이 들렸습니다. 이 사건을 삼위 하나님이 항상 함께하고 계심을 드러내신 사건입니다.

> 하나님이 이르시되 우리의 형상을 따라 우리의 모양대로 우리가 사람을 만들고 그들로 바다의 물고기와 하늘의 새와 가축과 온 땅과 땅에 기는 모든 것을 다스리게 하자 하시고
> (창 1:26)

> 예수께서 세례를 받으시고 곧 물에서 올라오실새 하늘이 열리고 하나님의 성령이 비둘기 같이 내려 자기 위에 임하심을 보시더니 하늘로부터 소리가 있어 말씀하시되 이는 내 사랑하는 아들이요 (마 3:16-17)

하나님과 예수님은 한 분이십니다. 예수님은 당시 종교 지도자들에게 논란이 되었고, 결정적으로 십자가에 못 박히신 이유는 신성 모독죄였습니다. 왜냐하면 예수님은 자신을 하나님과 하나라고 선언했기 때문입니다. 이러한 예수님의 발언이 반드시 논란이 되어 죽게 되는 것을 뻔히 아셨음에도 불구하고 주저하지 않았습니다. 그 진리는 **부인할 수 없는 사실**이었기 때문입니다. 바울도 하나님의 백성이 언약 아래 있는 양자 됨을 소개할 때 예수 그리스도가 영원토록 찬양을 받으실 하나님이시라고 소개하고 있습니다.

> 나와 아버지는 하나이니라 하신대 (요 10:30)

> 조상들도 그들의 것이요 육신으로 하면 그리스도가 그들에게서 나셨으니 그는 만물 위에 계셔서 세세에 찬양을 받으실 하나님이시니라 아멘 (롬 9:5)

하나님과 성령님은 한 분이십니다. 초대교회에 성령의 역사가 임할 때 가진 소유를 공정하게 나누었습니다. 그런데 아나니아와 삽비라가 돈을 감추며 '하나님'을 속였습니다.

이 때 베드로는 하나님을 속인 아나니아와 삽비라를 향해 너희가 '성령'을 함께 속였다고 말합니다. 즉 하나님께 거짓말한 것은 성령님께 거짓말한 것이라 하여 하나님과 성령님을 동일시하였습니다.

베드로가 이르되 아나니아야 어찌하여 사탄이 네 마음에 가득하여 네가 성령을 속이고 땅 값 얼마를 감추었느냐 땅이 그대로 있을 때에는 네 땅이 아니며 판 후에도 네 마음대로 할 수가 없더냐 어찌하여 이 일을 네 마음에 두었느냐 사람에게 거짓말한 것이 아니요 하나님께로다 (행 5:3-4)

2) 삼위일체의 잘못된 비유

하나님, 예수님, 성령님이 구별되지만 하나라는 것을 설명하는 비유에는 여러 가지가 있습니다. 그런데 많은 사람들이 잘못된 비유를 가르치고 있습니다.

첫째, 태양과 빛과 열의 비유입니다. 태양이 있으면 빛이 있고 빛에 의해서 열이 생긴다고 해서 삼위일체는 태양과 빛과 열과 같다고 비유합니다. 그러나 온열기radiator처럼 열은 나오지만 빛이 없는 물체가 있습니다. 또 전등과 같이 빛은 발하지만 그 빛이 태양이 될 수는 없습니다. 삼위 일체 하나님은 **언제나 함께 존재하시고, 일하시는 분**이신데 다르게 나타나는 것은 논리적으로 맞지 않습니다.

둘째, 씨앗과 흙과 꽃의 비유입니다. 씨앗이 흙에 떨어지면 꽃을 맺기 때문에 씨와 흙과 꽃은 뗄래야 뗄 수 없다고 삼위일체 하나님으로 비유합니다. 그러나 씨앗이 흙에 있지만 모든 씨가 꽃을 맺을 수 없고, 수련water-lily같이 흙이 없는 물에서도 꽃은 피듯이 이 비유도 적절하지 않습니다.

셋째, 한 사람이 세 가지 역할을 하는 비유입니다. 건장한 남성이 가정에서는 아버지 역할을 합니다. 직장에서는 회사원입니다. 그리고 교회에서는 집사님입니다. 이 사람은 장소에 따라 다른 역할을 하는 것뿐이지 같은 사람이기 때문에 삼위일체와 같다고 비유합니다. 그러나 이것은 무소부재 하신 하나님의 속성에 맞지 않는 비성경적 양태론樣態論의 입장입니다.

3) 삼위일체에 대한 잘못된 교리

첫째, 삼신론三身論
삼신론은 세분의 하나님으로 존재한다는 주장입니다. **그러나 성경은 세분의 하나님이 있다는 것을 인정하지 않습니다.**

> 이스라엘아 들으라. 우리 하나님 여호와는 오직 유일한 여호와이시니 (신 6:4)

성경은 하나님을 유일하신 하나님only one이라고 말하고 있어서 **오직 한 분으로만 존재**하고 있음을 밝힙니다. 그렇다면 왜 하나님은 자신을 한 분only one이신 하나님이라고 하실까요? 그 이유를 알기 위해서는 당시 이 말씀을 하신 배경을 알아야 합니다. 이 말씀은 출애굽 광야 2세대에게 하신 말씀입니다. 2세대 이스라엘 백성들이 가나안에 들어가면 바알(풍요의 신), 아세라(다산의 신), 맘몬(돈의 신)과 같은 수많은 **잡신**들을 만나게 됩니다.

하나님만 알고 믿고 있던 이스라엘 백성들에게 가나안에서 만난 신에 대한 개념이 너무나도 혼란스러웠을 것입니다. 그래서 하나님은 다른 가나안의 잡신들 중에 한 분이 아니라 그 누구도 비교할 수 없는 **유일하신 하나님**이심을 드러내신 것입니다.

둘째, 단일신론 Unitarianism

단일신론은 하나님만이 신이라고 하는 주장입니다. 언뜻 보기에는 맞는 말 같습니다. 그러나 이 이 주장은 유일신 하나님을 강조하기 위한 것이 아니라 예수님과 성령님은 신이 아니라는 주장입니다.

오직 성부 하나님만 신이고 성자 예수는 단지 한 명의 인간이었을 뿐이라고 말합니다. 또 성령님도 단지 생각이나 사상, 또는 기운氣雲으로만 봅니다. 그래서 예수가 병자를 일으키고 죽은 자를 살리는 기적을 인정하지 않습니다. 이것은 예수님과 성령님의 신적인 속성을 거부합니다.

> 예수께서 이르시되 어찌하여 무서워하느냐 믿음이 작은 자들아 하시고 곧 일어나사 바람과 바다를 꾸짖으시니 아주 잔잔하게 되거늘 (마 8:26)

그러나 여러 성경 구절을 보더라도 예수님은 기적을 일으키시는 **완전한 하나님**이셨습니다.

셋째, 양태론樣態論

하나님은 세 인격은 없고 오직 한 인격만 존재한다는 주장입니다. 하나님에게는 한 인격만 있는데 예수님, 성령님 하는 것은 마치 옷을 바꾸어 입듯이 형태만 바꾼 것이라고 합니다.

삼위일체를 주장하는 사람들은 한 남자가 집에서는 아버지, 교회에서는 집사, 직장에서는 회사원이라고 말합니다. 똑같은 인격에서 형태만 바꾼 것이라고 말하는데, 이러한 견해는 삼위 하나님을 한 인격으로만 보는 치명적인 오류가 있습니다. 뿐만 아니라 이 견해는 하나님을 장소와 시간에 제한시킵니다.

이러한 주장은 무소부재하신 하나님의 속성을 무너뜨리는 주장입니다. 집에서 아버지가 그 시간에는 회사에서 일할 수 없고, 교회에서도 봉사할 수 없게 됩니다. 그러나 **하나님은 모든 장소와 시간에 계시는 분이십니다.** 그러므로 이러한 주장은 틀렸습니다. 삼위일체는 이러한 비유나 철학으로 설명해서 안 됩니다. 오직 **성경의 권위**에서 해석해야 합니다. 이 신비로운 교리는 우리의 지식의 수준을 초월하는 교리이기 때문입니다.

2. 삼위일체의 단어적인 해석

삼위일체에서 삼위는 하나님은 **삼위**three persons로 존재하신다는 뜻입니다. 여기서 '위'位는 '**자리**'라는 뜻으로 삼위 하나님은 세 자리에 계시는데, **위치의 높낮음은 없습니다.** 삼위 하나님은 동등동일한 위치에만 계십니다. 다만 세 분은 각자 구별된 **세 인**

격three distinct persons으로 존재하십니다. 인격이라는 말은 개인적인 특성으로 쉽게 말해서 '성격'character을 말합니다. 사람마다 화통한 성격, 조용한 성격, 쾌활한 성격이 다르듯이 성부와 성자와 성령의 각자의 성격이 다릅니다. 삼위 하나님은 세 인격으로 존재하시므로 그래서 성부는 성자가 아니고, 성령은 성부와 성자가 아닙니다.

그런데 이 세 분은 셋이 아니라 **하나**only one입니다. 그렇다면 '하나'라는 뜻은 무엇인가요? 한 '본질'essence을 가지고 있다는 뜻입니다. **본질**이라는 말은 고유의 성질로 **변하지 않는 성질**을 말합니다. 예를 들어 사람마다 화통한 성격이나 조용한 성격이나 쾌활한 성격과 같이 다 다른 성격을 가졌지만 변하지 않는 성질이 있는데, 인간성humanity입니다. 인간은 누구에게나 인간답게 살아가고자 하는 본질이 있습니다. 하나님에게 있어서 한 본질은 무엇일까요? **'온전한 신이시며 찬양받기에 합당하신 분'**이십니다. 결국 삼위일체 하나님은 **세 인격을 가지면서도 한 본질을 가지신 분**이라고 설명할 수 있습니다.

> 감추어진 일은 우리 하나님 여호와께 속하였거니와 나타난 일은 영원히 우리와 우리 자손에게 속하였나니 이는 우리에게 이 율법의 모든 말씀을 행하게 하심이니라(신 29:29)

3. 삼위 하나님의 구분

한 본질은 가지셔서 온전한 신이시자 찬양받기 합당하신 분이시지만 삼위 하나님은 고유한 성격이 있습니다. 물론 성부 하나님과 성자 하나님과 성령 하나님은 함께 존재하시고 일하시지만 굳이 말하자면 **구원 사역**에서 구분이 있습니다.

성부 하나님은 구원을 **계획**하셨습니다.

> 하나님이 세상을 이처럼 사랑하사 독생자를 주셨으니 이는 그를 믿는 자마다 멸망하지 않고 영생을 얻게 하려 하심이라 하나님이 그 아들을 세상에 보내신 것은 세상을 심판하려 하심이 아니요 그로 말미암아 세상이 구원을 받게 하려 하심이라 (요 3:16-17)

성자 예수님은 구원을 **실행**하셨습니다.

> 내가 하늘로서 내려온 것은 내 뜻을 행하려 함이 아니요 나를 보내신 이의 뜻을 행하려 함이니라 (요 6:38-39)

성령 하나님은 구원을 **완성**하셨습니다.

> 그러나 내가 너희에게 실상을 말하노니 내가 떠나가는 것이 너희에게 유익이라. 내가 떠나가지 아니하면 보혜사가 너희

에게로 오시지 아니할 것이요 가면 내가 그를 너희에게로 보내리니 그가 와서 죄에 대하여, 의에 대하여, 심판에 대하여 세상을 책망하시리라 (요 16:7-8)

4. 삼위하나님의 통일성과 다양성 권위와 순종의 관계

삼위 하나님의 각각의 사역을 보면 하나님과 예수님과 성령님의 관계를 알 수 있습니다. 예수님과 성령님을 보내신 분은 하나님이셨습니다. 이 말은 예수님은 하나님께 순종했다는 뜻입니다.

그 뿐만 아니라 하나님과 함께 성령님을 보내신 분은 예수님이셨습니다. 이 말은 성령님은 하나님과 예수님께 순종했다는 뜻입니다. 이렇게 하나님과 예수님과 성령님, 이 세분은 동일하신 분이시지만 역할이 다르셨습니다. 그리고 그 역할은 항상 **인격적인 순종으로 맺어진 관계**였습니다.

예수께서 또 이르시되 너희에게 평강이 있을지어다 아버지께서 나를 보내신 것 같이 나도 너희를 보내노라 (요 20:21)

내가 아버지께 구하겠으니 그가 또 다른 보혜사를 너희에게 주사 영원토록 너희와 함께 있게 하리니 (요 14:16)

이것은 삼위일체 안에 **통일성**과 **다양성**입니다. 이 관계는 두 사람이 결혼을 해서 한 육체가 된다는 것으로 비유할 수 있습니다.

한 남자와 여자가 결혼을 하면 두 사람은 남편과 부인이 동등한 지위를 가지지만 역할은 다릅니다. 그러나 부부관계에서 권위에 대한 순종의 관계는 존재합니다. 바로 남편은 아내에게 권위를 가지고 아내는 남편에게 순종하는 관계입니다. 바울은 다음과 같이 말했습니다.

> 각 남자의 머리는 그리스도요 여자의 머리는 남자요 그리스도의 머리는 하나님이시라 (고전 11:3)

하나님과 예수님과 성령님의 관계도 서로 동등하시지만 성자는 성부에게 순종했습니다. 성령은 성부의 권위에 순종하고 성령은 성자의 권위에도 순종했습니다. 그러므로 삼위일체 하나님은 통일성과 다양성의 관계를 이루셨습니다.

성부와 성자와 성령의 관계는 오늘날 **부부관계**와 **가정생활의 질서와 본질**을 설명합니다. 부부는 동등한 자리에 있지만 권위와 순종의 관계여야 합니다. 남자와 여자가 결혼하면 동등한 관계이지만 서로 다른 역할이 있다는 것을 인정해야 합니다.

남편은 아내를 사랑하고 아내는 남편의 권위를 순종해야 합니다. 오늘날 여성의 권위가 신장되었다고 해서 남편의 권위를 실추시켜도 된다는 말이 아닙니다. 아내는 남편에게 순종해야 합니다. 아내가 남편을 무시하는 행동, 남편을 폄하하는 발언은 성경적인 가정을 허무는 일입니다.

또 남편도 책임 있는 가장이 되어야 합니다. 남편이 가정을 돌보지 않고 생계를 책임지지도 않고 인생을 허비한다면 죄를 짓는 일입니다. 하나님은 삼위일체를 통해서 건강한 가정의 원형을 보여 주셨습니다. 따라서 형제들은 권위 있는 가장의 모습을 구비하고 가정을 책임지는 자로 준비되어야 합니다. 자매들도 남편을 존경하고 권위를 세워줌으로 건강한 가정을 소망해야 합니다.

4. 사람, 너는 누구냐?

인간의 기원에 관한 연구

인류의 탄생 이래로 인간 기원에 관한 연구는 끊임없이 계속되어 왔습니다. 왜냐하면 인간의 기원을 찾을 때 인간이 누구인지를 제대로 알 수 있기 때문입니다. 그렇다면 인간의 기원은 어디에서 시작되었을까요? 인간의 기원에 대한 견해는 크게 두 가지입니다.

첫째는 **진화론**입니다. 이 이론은 찰스 다윈이 "종의 기원"이라는 책을 써서 주장한 것으로 한 원소가 우연한 사건에 의해 발생해 오랜 시간이 흘러 지금의 인간이 되었다는 주장입니다. 진화론의 생명 기원은 [우연 + 시간 + 물질원소]로 공식화 할 수 있습니다.

둘째는 **창조론**입니다. 창조론은 인간은 창조자의 지혜와 설계로 생성되었다는 이론입니다. 이 이론은 외부적인 요인에 따라서 세상 만물이 만들어지게 되었다는 것으로, 인간의 생명 기원은 [창조자의 지혜와 설계 +물질원소]로 공식화 할 수 있으며 각각의 종류대로 창조되었다는 주장입니다.

창조론과 진화론은 그 주장이 팽팽하게 맞섭니다. 그래서 미국의 경우는 교과과정에 창조론과 진화론을 함께 가르치면서 학생들에게 자신의 의사에 따라 선택하도록 합니다. 그러나 대한민국에서는 진화론만 가르치고 있습니다. 이러한 모습은 안타까운 대한민국의 교육 현실을 보여주는 단적인 예입니다. 그렇다면 왜 창조론과 진화론을 함께 가르쳐야 할까요? 왜냐하면 **창조론과 진화론은 법칙이 아니라 이론이기 때문입니다**. 이론과 법칙에는 차이가 있습니다.

이론theory은 똑같은 실험을 반복 했을 때 다른 결과가 나옵니다. 반면 법칙law은 똑같은 실험을 반복 했을 때 같은 결과를 얻습니다. 그렇다면 인간의 기원에서 창조론이 맞을까요? 진화론이 맞을까요? 둘 다 이론이기 때문에 엄밀하게 말하면 잘 모릅니다.

그러나 그 질문에 답을 찾기 위해서는 **증거**를 많이 제시하는 쪽이 유리하다고 말할 수 있습니다. 어떤 범죄가 발생하면 범죄의 증거가 더 많이 증명되는 사람을 범인으로 지목합니다.

이처럼 우리가 창조 당시에 존재하지 않았기 때문에 잘 알 수 없지만, 증거를 많이 제시하는 쪽을 믿을 수밖에 없습니다. 이러한 측면에서 창조과학자들은 창조론에 대해 많은 증거를 가지고 증명하고 있습니다. 또 창조론자들은 진화론의 모순을 많이 제시해서 창조론을 증명하기도 합니다. 그렇다면 창조론자들이 말하는 진화론의 모순은 무엇인가요?

1. 진화론의 모순

진화론을 모순을 밝히기 위해서는 진화론이 어디에서 왔는지를 알아야 합니다. 먼저 진화론이 말하는 생명의 기원은 밀러 Miller, S. : 1930~2007실험에 근거를 하고 있습니다. 밀러는 당시 대

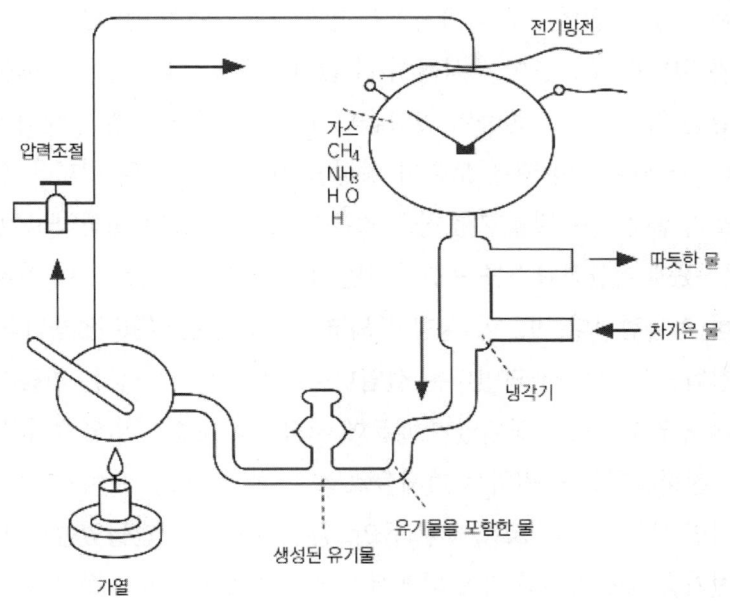

그림 1. 밀러의 실험

학원생이었는데 그는 아무것도 생명체가 없는 상태에서 즉 무기물에서 유기물로, 유기물에서 세포로, 세포에서 사람으로 진화되었다고 주장합니다. 밀러의 주장은 메탄, 암모니아, 물, 수소에 수증기를 통해 실험했습니다. 이 수증기는 끓는 물에 의해서 발생시킵니다. 이 실험환경에서 전기 방전을 일으킬 때 아래 관으로 흐르면서 냉각장치에 의해서 아래쪽에 유기물아미노산이 생기게 되었다고 합니다.

즉 무기물에서 유기물아미노산로 생성되었다고 주장이지요. 그러나 이 실험에는 모순이 있습니다.

이 실험에서 **산소가 빠져 있습니다**. 원래 원시지구 상태에서는 산소가 있었다고 과학자들은 말합니다. 왜냐하면 만약 산소가 없다면 오존층이 생성될 수가 없기 때문입니다. 많은 유해물질을 차단하는 오존층이 있었습니다. O_2가 자외선에 분해되면 O_3가 되어 성층권에 오존이 형성됩니다. 이 밀러의 실험은 산소가 없었다는 것을 가정하고 있는데, 만약 산소가 포함하고 있는 곳에 이산화탄소를 포함시키면 유기물이 생성되는 것이 현저히 적어집니다. 또, 이 실험은 **외부 힘이 개입된 실험이었습니다.** 진화론은 우연히 되었다는 설입니다. 그러나 이 실험은 처음부터 인위적으로 세팅되었기 때문에 시작부터 모순이 있었습니다.

진화론자들이 원하는 기체들메탄, 암모니아, 물, 수소을 모아서 외부적인 냉각을 시키고 6-7일 동안 후에 유기물을 만들었습니다. 전기충격도 외부의 힘에 의해서 인위적으로 만들어진 것입니다. 이러한 사실을 볼 때 너무나도 진화론은 허점이 많습니다. 결정적으로, **실험의 당사자가 잘못된 실험이라고 인정했습니다.**

1991년 2월 과학 잡지 "사이언티픽 아메리카"에 과거 자신이 주장했던 것은 너무 동화와 같은 이야기였고 최초의 창조는 모른다고 시인했습니다. 정작 밀러는 자신의 실험이 잘못된 실험이라고 인정했는데, 오늘날 이러한 실험을 진화론의 근거라고 믿고 있으니 너무나도 아이러니한 일입니다. 뿐만 아니라 진화론자들은 인간의 기원에서 최초의 DNA를 찾아내지 못하고 있습니다. 인간의 정밀한 구조는 누군가 만들지 않고서는 우연으로 될 수 없고 창조자의 계획에 의해서 이루어 진 것임을 부인할 수 없게 됩니다.

2. 인간의 구성요소

첫째는 **이분설**Dichotomy입니다. 이분설은 인간은 몸과 영혼으로 존재한다는 주장입니다. 몸은 인간의 물질적인 요소이고, 영은 비물질적인 요소로 되어 있다는 주장으로 대부분 복음주의 신학자들이 이 견해를 수용하고 있습니다.

> 여호와 하나님이 땅의 흙으로 사람(육체)을 지으시고 생기(영혼)를 그 코에 불어넣으시니 사람이 생령이 되니라
> (창 2:7)

> 몸은 죽여도 영혼은 능히 죽이지 못하는 자들을 두려워하지

> 말고 오직 몸과 영혼을 능히 지옥에 멸하실 수 있는 이를 두
> 려워하라 (마 10:28)

둘째는 **삼분설**Trichotomy입니다. 인간은 몸과 혼과 영으로 존재한다고 주장입니다. 몸은 인간의 물질적인 요소이고, 혼은 인간의 동물적인 요소이고, 영은 이성적인 요소라는 것으로 이 견해는 헬레니즘의 영향을 받았습니다.

> 평강의 하나님이 친히 너희를 온전히 거룩하게 하시고 또 너
> 희의 온 영과 혼과 몸이 우리 주 예수 그리스도께서 강림하
> 실 때에 흠 없게 보전되기를 원하노라 (살전 5:23)

> 하나님의 말씀은 살아 있고 활력이 있어 좌우에 날선 어떤
> 검보다도 예리하여 혼과 영과 및 관절과 골수를 찔러 쪼개기
> 까지 하며 또 마음의 생각과 뜻을 판단하나니 (히 4:12)

성경은 **혼**ψυχή과 **영**πνεῦμα을 구분하기도 하지만 혼용해서 사용하기도 합니다. 마태복음 10장 28절에 '몸은 죽어도 영혼혼은 능히 죽이지 못하는 자들을 두려워하지 말고 오직 몸과 영혼혼을 능히 지옥에 멸하실 수 있는 이를 두려워하라.'말했습니다. 그리고 전도서 12장 7절에는 흙몸은 여전히 땅으로 돌아가고 영영은 그것을 주신 하나님께로 돌아가지 전에 기억하라'고 하며 '혼'과 '영'을 혼용해서 사용했습니다.

3. 하나님의 형상으로 창조된 인간

성품으로서 형상

> 하나님이 이르시되 우리의 형상을 따라 우리의 모양대로 우
> 리가 사람을 만들고... (창 1:26 전반절)

하나님의 형상에 '형상'의 영어번역은 'image', '모양'은
'likeness'를 말합니다. 초대교회의 일부 교부들은 형상을 신체
적인 모습으로 보고, 모양을 내면적인 성품으로 보기도 했습니
다. 그러나 하나님이 보이시지 않는 영으로 계시기 때문에 형상
과 모양은 구별해서 이해해서는 힘듭니다. 그렇다면 여기서 하
나님의 형상과 모양은 무엇을 뜻하는 것인가요? **하나님의 성품**을
가리키는 용어입니다. 부모가 자녀들이 자신들을 닮았다고 하는
것은 성품을 닮기를 바라시는 것처럼 1과에서 배운 공유적인 성
품이 이와 같은 맥락입니다. 부모는 자신이 정직하게 성실하게
살아온 인생을 자식들도 똑같이 살아 주기를 기대합니다. 시련
가운데도 온유와 인내로 살아가길 바랍니다.

문화명령으로서 형상

> 하나님이 그들에게 이르시되 생육하고 번성하여 땅에 충만
> 하라, 땅을 정복하라, 바다의 물고기와 하늘의 새와 땅에 움

'다스리다'는 말은 히브리어 רָדָה 라다로 **왕의 다스림**을 나타냅니다. 왕이 왕자에게 전권을 주어 나라를 맡기듯이 하나님은 아담에게 하나님의 에덴동산을 다스리도록 하셨습니다.

강압과 무력에 의한 통치가 아니라 **자발적인 순종과 기쁨**으로 에덴동산을 관리하게 하셨습니다. 그러므로 하나님의 통치권을 가지고 세상을 하나님의 나라로 만들어 가야 합니다.

4. 선악과에 대한 질문

선악과는 인간의 근본적인 죄의 문제를 다루고 있습니다. 그런데 선악과의 문제를 깊이 다루다 보면 이해할 수 없는 많은 질문들이 생깁니다.

질문1) 왜 하나님은 선악과를 굳이 만들어서 인간이 죄를 짓도록 하셨는가요?

첫째는 **하나님과 인간의 경계선**을 나타낸 것입니다. 하나님은 창조주이시고 인간은 피조물입니다. 하나님은 에덴동산을 지으시고 모든 것을 다 할 수 있는 권한을 아담에게 주셨습니다. 그러나 단 한 가지를 금지 하셨는데 선악과였습니다. 만약 아담이 다 할 수 있다면 하나님과 다를 것이 없었을 것입니다.

비유컨대 아버지와 아들이 함께 살면서 아들은 가정 안에서 자유를 누릴 수 있지만 아버지의 권위를 훼손해서는 안 됩니다. 아들이 아버지가 될 수 없습니다. 아버지가 아버지답게 살아가 듯 아들은 아들로서의 정체성을 잊지 말아야 합니다.

둘째는 시험의 올무가 아니라 **은혜의 방편**이었습니다. 어떤 이들은 하나님은 의도적으로 아담에게 처음부터 넘어지게 하는 올무trap로 선악과를 주셨다고 말합니다. 그래서 지금까지 인간이 죄 가운데 살고 있다고 말합니다. 그러나 선악과는 오히려 하나님을 경배하도록 하는 은혜의 방편이었습니다. 에덴동산에서 모든 실과를 먹을 수 있었지만 동산 중앙에 있는 선악과를 보면서 아담은 이렇게 느꼈을 것입니다. '맞아 내가 모든 것을 누릴 수 있지만 내가 침범 할 수 없는 선악과의 영역이 있구나. 나는 피조물이고 하나님이 창조주이시구나. 하나님의 은혜가 아니면 살아 갈 수 없구나.'라고 고백하며 더 겸손하게 **하나님의 은혜**를 구했을 것입니다.

질문2) 왜 인간이 선악과를 먹을 때 하나님이 막지 않으셨나요?

인간의 **자유의지**free will를 존중하시기 때문입니다. 하나님은 인간을 로봇처럼 만들지 않으셨습니다. 한 로봇이 있다고 합시다. 그 로봇에는 버튼이 있는데 한 번 누르면 '주인님 사랑합니다. 삐리비리', 두 번 누르면 '주인님 사랑합니다. 삐리비리 주인님 사랑합니다. 삐리비리'라고 울리는 음성 기능이 있다고 가정합시다. 그 말은 인격이 담긴 고백이 아니라 기계적인 음성일

뿐입니다.

하나님은 인간에게 로봇 같은 기계적인 사랑을 받으시기를 원치 않으셨습니다. **인격적인 사랑**을 원하셨습니다. 사랑하지 않는데 돈이나 물리적인 힘으로 인간에게 사랑을 받아내기를 원하시지 않으십니다. 자유의지를 주시고 그 의지를 다하여 하나님을 섬기기를 원하셨습니다. 그러나 안타깝게도 인간은 자유의지를 자신의 탐욕을 위해서 사용했기 때문에 인류의 불행을 자초했습니다.

질문3) 왜 아담의 죄가 우리에게 유전이 되는가요?

아담의 죄가 왜 인간에게 유전되는 가에 대해서 반기를 드는 사람들이 많습니다. **원죄**original sin가 유전된다는 말에 동의할 수 없습니다. 내가 선악과를 먹지도 않았는데, 내가 왜 그 피해를 봐야 되냐고 불합리하다고 주장합니다. 그러나 아담의 죄가 후대에 전가되는 것은 **'대표성의 원리'**를 따르기 때문입니다. 쉽게 말하면 월드컵 대표 팀에 비유하면 좋을 것 같습니다. 2002년 월드컵의 역사적인 사건을 기억할 것입니다. 대한민국 국가대표가 4강까지 가는 쾌거를 이뤘습니다.

그 때 온 국민이 환호했습니다. 비록 국민들이 경기에 출전하진 않았지만 국가대표 선수들은 국민들을 대표해서 경기에 출전했기 때문에 그들의 승리가 국민 모두의 승리였습니다. 또 터진 제방에 비유할 수 있습니다. 홍수가 나서 큰 제방이 터졌습니다. 그 결과 온 마을이 침수되는 것은 이와 같은 원리입니다.

대표성의 원리에 대한 성경적인 접근

역적용의 접근

> 그런즉 한 범죄로 많은 사람이 정죄에 이른 것같이 한 의로운 행위로 말미암아 많은 사람이 의롭다 하심을 받아 생명에 이르렀느니라 한 사람이 순종하지 아니함으로 많은 사람이 죄인된 것 같이 한 사람이 순종하심으로 많은 사람이 의인이 되리라 (롬 5:18-19)

원죄의 유전을 받아들이지 않는 사람들은 아담 한 사람이 선악과를 먹은 것이지 내가 먹지 않았기 때문에 죄의 영향력이 없다고 주장합니다. 그러나 반대로 접근해 보면 예수 그리스도가 대표가 아니었으면 우리의 구원은 없게 됩니다. 예수 그리스도의 한 사람이 십자가에서 자신을 내어주는 의로운 행동이 온 인류를 구할 수 있었습니다.

언어적인 접근

> 여호와 하나님이 이르시되 사람이 혼자 사는 것이 좋지 아니하니 내가 그를 위하여 돕는 배필을 지으리라 하시니라
> (창 2:18)

아담은 히브리어 אדם아담으로 **'사람'**이라는 뜻입니다. 다시 말해 아담이 선악과를 따 먹은 것은 아담 개인의 죄가 아니라 사람 모두의 범죄였음을 나타냅니다.

십일조의 접근

> 이 사람이 얼마나 높은가를 생각해 보라 조상 아브라함도 노략물 중 십분의 일을 그에게 주었느니라 레위의 아들들 가운데 제사장의 직분을 받은 자들은 율법을 따라 아브라함의 허리에서 난 자라도 자기 형제인 백성에게서 십분의 일을 취하라는 명령을 받았으나 레위 족보에 들지 아니한 멜기세덱은 아브라함에게서 십분의 일을 취하고 약속을 받은 그를 위하여 복을 빌었나니 논란의 여지없이 낮은 자가 높은 자에게 축복을 받느니라 또 여기는 죽을 자들이 십분의 일을 받으나 저기는 산다고 증거를 얻은 자가 받았으니라 또한 십분의 일을 받는 레위도 아브라함으로 말미암아 십분의 일을 바쳤다고 할 수 있나니 이는 멜기세덱이 아브라함을 만날 때에 레위는 이미 자기 조상의 허리에 있었음이라 (히 7:4-10)

본문은 십일조의 직접적인 기원을 나타내는 내용으로 **대표성의 원리**를 뜻합니다. 아브라함은 전쟁에서 승리하고 돌아 온 후 멜기세덱에게 전쟁의 전리품 1/10을 드립니다. 멜기세덱은 제사장 족보에서 나온 인물이 아니라 하나님께서 의도적으로 개입한 인물입니다. 그래서 예수 그리스도의 예표라고도 합니다.

어쨌든 율법에 보면 레위 지파 중에 제사장은 자기 동족인 이스라엘 백성에게서도 1/10을 받으라는 명령이 있습니다. 이 명령은 후대에 명하신 것인데, 레위인도 멜기세덱에게 십일조를 한 증거입니다. 아브라함의 허리에 있다는 말은 아브라함의 후손이라는 뜻입니다. 아브라함이 멜기세덱에게 십일조를 드렸기 때문에 후손인 레위도 십일조를 드린 셈입니다. 즉 아브라함이 레위의 대표성을 가지고 십일조를 드렸던 것입니다.

5. 죄의 결과 = 관계의 파괴

하나님은 에덴동산에서 아담에게 모든 것을 누리도록 하셨음에도 불구하고 결국 선악과를 따 먹었습니다. 독극물이 비록 소량이라 할지라도 한 방울이 어항에 떨어질 때 그 안에 모든 생물이 죽는 것처럼 아담으로 말미암아 온 인류가 죄로 오염되어 죽게 되었습니다. 그러한 죄의 오염에 결과로 네 가지의 관계가 파괴 되었습니다.

1) 하나님과의 관계 파괴

> 아담이 이르되 하나님이 주셔서 나와 함께 있게 하신 여자 그가 그 나무 열매를 내게 주므로 내가 먹었나이다 (창 3:12)

아담이 선악과를 따먹고 난 뒤 자신의 죄에 대해 눈을 뜨게 되었고 숨어 버렸습니다. 그 때 하나님께서 아담에게 왜 선악과 먹었느냐고 묻자 하와를 탓하는 것 같지만 자세히 보면 하나님이 주신 그 하와 때문이라고 하나님을 **원망**합니다.

최초 원인의 제공자를 하나님이라고 몰아붙이면서 적극적으로 하나님을 대적합니다. 처음부터 선악과를 주지 않았다면 이런 일이 없었을 것이라고 책임을 하나님께 돌립니다. 이렇게 깨어진 하나님과의 관계는 영혼의 생명이 박탈된 죽음의 상태입니다. 이러한 영적 죽음의 상태는 악과 고통을 가져왔고 모든 원망과 불평이 생기게 되었습니다.

2) 인간과의 관계 파괴

하와를 저주하는 아담

> 아담이 이르되 하나님이 주셔서 나와 함께 있게 하신 여자 그가 그 나무 열매를 내게 주므로 내가 먹었나이다 (창 3:12)

아담은 죄가 들어오고 난 뒤에 하와를 저주합니다. 혼자서 고독하게 살다가 하나님께서 돕는 배필을 주셨을 때 하와를 향한 프로포즈는 '**뼈 중에 뼈, 살 중에 살**'이었습니다. 그런데 죄가 들어오고 난 뒤에 '**나와 함께 있게 하신 여자 그**'라고 말합니다.

오늘날로 말하면 그 하와 그 인간(?) 때문에 모든 것이 엉망진

창이 되었다는 저주의 말입니다. 죄가 들어오니 그렇게 친밀했던 아담과 하와의 관계가 하루아침에 무너지고 말았습니다.

형제를 죽이는 가인

> 가인이 그의 아우 아벨에게 말하고 그들이 들에 있을 때에 가인이 그의 아우 아벨을 쳐죽이니라(창 4:8)

죄가 들어오고 난 뒤에 전쟁과 살육이 일어났습니다. 최초의 살인사건은 창세가 4장에 나오는데 가인의 살인사건입니다. 가인과 아벨의 똑같이 제사를 드렸는데, 하나님께서 아벨의 제사는 받으시고 가인의 제사를 받지 않으셨습니다. 이에 대해 것에 대해 가인은 분노하고 동생 아벨을 죽였습니다. 서로 의지하고 사랑하며 살아가야 할 형제관계가 미움과 증오로 얼룩져 결국 사람을 죽이는 자리까지 나갔습니다.

아버지를 업신여긴 함Ham

> 가나안의 아버지 함이 그의 아버지의 하체를 보고 밖으로 나가서 그의 두 형제에게 알리매 셈과 야벳이 옷을 가져다가 자기들의 어깨에 메고 뒷걸음쳐 들어가서 그들의 아버지의 하체를 덮었으며 그들이 얼굴을 돌이키고 그들의 아버지의 하체를 보지 아니하였더라 (창 9:22-23)

아버지는 가정에서 권위의 상징입니다. 그러나 함은 아버지를 경홀히 여깁니다. 성경은 **부모공경**을 이렇게 말합니다.

> '그의 부모를 경홀히 여기는 자는 저주를 받을 것이라 할 것이요 모든 백성은 아멘 할지니라'(신 27:16)

그럼에도 불구하고 둘째 아들 함은 아버지 노아의 실수를 보고 가려주기 보다는 오히려 비웃으며 두 형제들에게 알리었고, 아버지의 추태를 웃음거리로 만들었습니다. 그의 행동은 아버지를 업신여기는 처사였습니다.

3) 자연과의 관계파괴

> 땅이 네게 가시덤불과 엉겅퀴를 낼 것이라 네가 먹을 것은 밭의 채소인즉 네가 흙으로 돌아갈 때까지 얼굴에 땀을 흘려야 먹을 것을 먹으리니 네가 그것에서 취함을 입었음이라 너는 흙이니 흙으로 돌아가 갈 것이니라 하시니라
>
> (창 3:18-19)

창조 당시 인간과 자연은 서로 공존하는 관계였습니다. 그러나 죄로 인해서 파괴되었습니다. 즉 인간은 하나님의 다스림을 위임받아 자연을 통치하는 **대리자**였습니다. 그러나 인간은 죄로 땅을 오염시켰습니다. 결국 자연은 부메랑이 되어서 가시덤

불과 엉겅퀴를 내었습니다. 오늘날에 인간은 무분별하게 자연을 파괴하면서 온난화 현상과 같은 **기상이변**으로 되돌아오게 되었습니다.

4) 자신과의 관계파괴

> 그가 무기를 든 자에게 이르되 네 칼을 빼어 그것으로 나를 찌르라 할례 받지 않은 자들이 와서 나를 찌르고 모욕할까 두려워하노라 하나 무기를 든 자가 심히 두려워하여 감히 행하지 아니하는지라 이에 사울이 자기의 칼을 뽑아서 그 위에 엎드러지매 (삼상 31:4)

죄로 인해서 자신과의 관계도 파괴되었습니다. 사울은 그 누구보다 자신의 몸을 아끼는 자였습니다. 블레셋의 위협 때문에 제사장이 오기도 전에 급하게 제사를 드리는 모습이었습니다. 그럼에도 불구하고 그의 결국은 자살로 자신의 생애를 마감하게 됩니다. 오늘날 자살, 자기학대, 열등감, 우울증 등은 자신과의 관계 파괴의 열매입니다.

깨어진 관계를 회복하는 길

죄로 인해 깨어진 관계를 다시 회복해야 합니다. 모든 문제의 원인이 하나님께로부터 이탈했기 때문에 초래되었습니다. 따라서 **하나님께로 돌아가는 것만이 모든 문제를 해결할 수 있습니다.**

> 오라 우리가 여호와께로 돌아가자 여호와께서 우리를 찢으
> 셨으나 도로 낫게 하실 것이요 우리를 치셨으나 싸매어 주
> 실 것임이라 (호 6:1)

누가복음은 15장에 아버지를 떠난 탕자의 모습은 저주 그 자
체였습니다. 모든 것을 다 잃고 그제야 아버지에게 돌아가겠다
고 결정합니다. 그 때 아버지는 깨어진 관계를 회복시켜 주셨습
니다.

민수기 21장에 이스라엘 백성들이 광야에서 불평하다가 불
뱀에 물리게 되어 죽게 되었습니다. 모세는 기도했고 하나님은
장대 끝에 달린 놋 뱀을 쳐다보는 자들을 살려 주실 것이라고 약
속하셨습니다. 어떤 이들은 저 놋 뱀이 무슨 치료의 능력이 있냐
고 쳐다보지도 않았습니다.

반면 어떤 이들은 하나님의 치료의 능력을 믿고 놋 뱀을 쳐다
보았습니다. 결국 말씀대로 놋 뱀에게 나아가 쳐다 본 자들은 회
복되었습니다. 세상은 기회를 주지 않습니다. 그러나 하나님은
다시 기회를 주십니다. 세상은 사람을 포기합니다. 그러나 하나
님은 절대 포기하지 않으십니다. 그러므로 하나님께로 돌아가
야 합니다.

하나님과의 바른 관계가 회복될 때 나머지 모든 관계는 저절로
회복됩니다. 그러므로 근본적인 문제를 해결해야 합니다. 근본

적인 하나님과의 문제 해결 방법은 **죄를 제거하는 것**입니다.

몸에 상처가 나서 세균이 들어왔다고 합시다. 상처에 바이러스가 침투했는데 안일하게 반창고만 붙이면 될까요? 아닙니다. 근본적인 바이러스를 제거해야 합니다. 환부를 드러내고 쓰리지만 드레싱을 해서 깨끗하게 소독한 후 붕대로 감아야 합니다. 마찬가지로 죄를 드러낼 때 고통이 따르고 수치스럽다 할지라고 죄를 적나라하게 회개해야 합니다. 그 때 꼬였던 모든 관계의 문제가 해결됩니다.

5. 완전한 구원의 길, 예수 그리스도

가장 천한 자리로

여러분들이 만약 넓은 집에서 값비싼 음식을 먹고 부유한 삶을 살다가 갑작스럽게 빈민가나 쪽방 촌과 같은 곳에서 살게 되었다고 가정해 봅시다. 음식을 구걸해서 먹어야 하고, 자는 곳이 청결하지 못해서 질병의 위험 속에 살아야 합니다. 그 때 여러분의 심정은 어떨까요? 상상만 해도 고통스럽습니다. 그런데 이 것보다 더 큰 고통을 겪으신 분이 계십니다. 그 분이 바로 하나님의 아들 이신 예수님이십니다. 완전한 하나님이 이 땅에 내려오신 것 자체가 치욕이었습니다. 그런데 한 걸음 더 나아가 인간이 겪는 모든 고초를 겪으셨습니다.

이 사건을 예수님의 성육신incarnation이라고 합니다. 예수님은 인간이 먹는 평균 이하의 음식을 드셨고, 잠자리도 기껏해야 겟

세마네 동산이나 바위 같은 곳이었습니다. 먼 거리를 이동하실 때도 마차나 말이 아닌 발이 부르트도록 걸어 다니셔야 했습니다. 왜 영광스러운 하나님이 하늘의 영광을 버리고 수치스러운 이 땅에 오셔야 했을까요? 그분의 오심에는 **놀라운 비밀**이 있습니다.

1. 완전한 인간이신 예수님

> 예수 그리스도의 나심은 이러하니라 그의 어머니 마리아가 요셉과 약혼하고 동거하기 전에 성령으로 잉태된 것이 나타났더니 (마 1:18)

예수님은 육신으로는 어머니 마리아에서 잉태되었습니다. 예수님이 사람의 몸에 나셨다는 것은 완전한 인성 人性을 가진 인간 예수로 오셨다는 뜻입니다. 예수님은 세 가지의 면에서 완전한 인간이셨습니다.

첫째는 감정입니다. 예수님은 70인 전도대가 돌아와 전도 보고를 할 때 기뻐하셨습니다. 또 나사로의 죽음을 보고 우는 자들을 보시면서 함께 우시며 아파하셨습니다.

> 그 때에 예수께서 성령으로 기뻐하시며 이르시되...
> (눅 10:21)

> 예수께서 그가 우시는 것과 또 함께 온 유대인들이 우는 것
> 을 보시고 심령에 비통히 여기시고 불쌍히 여기사 (요 11:33)

둘째는 **지각**입니다. 예수님은 인간의 지각을 가지고 사셨습니다. 지혜가 자라갔다는 것은 인간의 사고하고 판단하는 지각을 뜻합니다.

> 예수는 지혜와 키가 자라가며 하나님과 사람에게 더욱 사랑
> 스러워 가시더라 (눅 2:52)

셋째는 **신체**입니다. 예수님은 육체적으로 자라나셨습니다. 성장 연령대에 따라 자라가야 할 신체적인 변화를 가지셨고, 건장한 성인의 몸으로 성장하셨습니다. 인간이 겪는 신체적인 고통을 실제로 겪으셨고, 결국 십자가의 고통까지 나아가셨습니다.

> 아기가 자라며 강하여 지고 지혜가 충만하며 하나님의 은혜
> 가 그의 위에 있더라 (눅 2:40)

> 그는 육체에 계실 때에 자기를 죽음에서 능히 구원하실 이에
> 게 심한 통곡과 눈물로 간구와 소원을 올렸고 (히 5:7)

> 사십일을 밤낮으로 금식하신 후에 주리신지라 (마 4:2)

예수님은 인간이 가진 모든 인성을 가지셨습니다. 그러나 한 가지 없으신 것이 있었는데 **죄**였습니다. 죄가 없으신 분이 이 땅에 오셨습니다. 예수님은 완전한 하나님이셨지만 하나님과 동등 됨을 취하지 않으셨고, 인간의 모습으로 오셨습니다. 온갖 고난을 당하시고 마침내 십자가에서 못 박히시고 죽으셨습니다. 인간을 죄에서 구원하기 위한 순종이었습니다. 그렇다면 왜 예수님은 인간이 당해야 하는 고통을 다 당하신 것인가요? **우리의 모든 고통을 공감하시기 위함이었습니다.**

> 우리에게 있는 대제사장은 우리의 연약함을 동정하지 못하실 이가 아니요 모든 일에 우리와 똑같이 시험을 받으신 이로되 죄는 없으시니라 (히 4:15)

2. 공감하신 예수님

신앙생활 하면서 이러한 질문을 할 때가 있습니다. 왜 예수님은 나의 기도를 들어주시지 않는가요? 나의 고통을 외면하시는가요? 왜 나의 아픔의 상황에 보고만 계시는가요? 그러나 예수님은 우리의 고통을 외면하시는 분이 아니십니다. 우리의 고통한 가운데서 같이 슬퍼하시는 분이십니다. 우리가 눈물 흘릴 때 함께 우시는 분이십니다. 그분은 죄가 없으셨지만 인간의 고통을 다 받으셨으므로 인간의 고통을 함께 아파하실 수 있으셨습니다. 사도행전 9장에 보면 회심하기 전에 바울은 많은 그리스도인들을 핍박하러 다메섹에 가고 있었습니다. 그 때 하늘에서 광명한 빛이 나면서 음성이 들렸습니다.

> 사울이 길을 가다가 다메섹에 가까이 이르더니 홀연히 하늘로부터 빛이 그를 둘러 비추는지라 땅에 엎드려져 들으매 소리가 있어 아르시되 사울아 사울아 네가 어찌하여 나를 박해하느냐 하시거늘 (행 9:3-4)

예수님께서 왜 네가 나를 믿는 그리스도인들을 핍박하느냐라고 하지 않으셨습니다. 왜 네가 '나'를 핍박하느냐? 라고 말씀하셨습니다. 이 말씀은 예수님은 핍박받는 사람들을 방관하신 것이 아니라 고통의 한복판에 함께 계셨던 뜻입니다. 여러분은 지금 사방으로 우겨쌈을 당하고 있으신가요? 두 손에 들려진 것이 아무것도 없다고 느끼시나요? 아무도 나를 도와주지 않는다고 생각하나요? 여러분의 고통 가운데 예수님이 지금도 함께 계심을 잊지 마세요.

3. 완전한 신이신 예수님

> 성경은 예수 그리스도의 나심은 이러하니라 그의 어머니 마리아가 요셉과 약혼하고 동거하기 전에 성령으로 잉태된 것이 나타났더니 (마 1:18)

그는 육신으로는 마리아에게서 나셨습니다. 그런데 일반적인 남자와의 성性적인 관계를 통해서 출생하신 것이 아닙니다. 마리아가 요셉과 동거하기 전에 **성령으로 잉태**되었습니다. 이것이 예수님의 신성을 나타내시는 증거입니다. 예수님은 두 가지의 면에서 완전한 신이셨습니다.

첫째는 예수님은 영원 전에 계셨습니다. 예수님은 유대인들과의 논쟁에서 자신을 드러내셨습니다. 예수님은 아브라함이 있기 전부터 계셨던 분이심을 밝히셨습니다.

> 예수께서 이르시되 진실로 진실로 너희에게 이르노니 아브라함이 나기 전부터 내가 있느니라 하시니 (요 8:58)

둘째는 초자연적인 **기적을 베푸셨습니다.** 물고기 두 마리와 보리떡 다섯 개로 오천 명을 먹이셨고, 물이 변하여 포도주가 되게 하셨습니다. 나사로가 죽어 사흘이나 지났음에도 불구하고 다시 살리셨습니다. 이러한 사건은 **완전한 하나님**이심을 드러내신 사건입니다.

4. 속죄의 두 가지 조건

여기서 예수님의 탄생에 대한 질문이 생깁니다. '어떻게 처녀의 몸에서 아기가 날 수 있는가요? 소위 동정녀 탄생을 어떻게 믿을 수 있는가요? 어떻게 초자연적인 현상이 일어날 수 있

는가요?'

처음 성경을 읽는 사람들이 이 부분에서 막히기도 합니다. 그러나 이 동정녀 탄생은 하나님의 방법이었습니다. 인간의 죄를 속죄하기 위한 유일한 방법이었습니다. 인간의 죄가 속죄되기 위해서는 두 가지 조건이 있어야 합니다.

첫째는 **완전한 인성**을 가지셔야 합니다. 누군가가 죄를 지으면 그에 대한 죄 값을 치러야 합니다. 아담은 선악과를 먹지 말라고 하였음에도 불구하고 금단의 열매를 따 먹고 범죄하였습니다. 그래서 인간은 하나님과의 관계가 끊어지고 그 이후로 사람과의 범죄, 자연과의 범죄, 자신과의 범죄를 저질렀습니다. 그 엄청난 죄는 시간이 지날수록 더욱 더 악해져 갔습니다. 그 죄에 대한 값은 사망이었습니다롬 6:23. 그래서 하나님은 인간의 죄를 심판하십니다.

그런데 인간의 죄의 값을 하나님 자신이 대신 치르시기로 결정하셨습니다. 단, 인간이 치러야 하는 죄의 값을 똑같이 받아야 합니다. 그것은 바로 십자가에 못 박히는 것입니다. 십자가에 못 박히는 것은 로마시대 당시 인간이 죄의 값을 치루는 가장 잔인한 방법이었습니다. 예수님은 신이시기 때문에 하늘에서 인간의 죄를 사하노라고 하는 선언으로만 하실 수 있지만 그렇게 하지 않으셨습니다. **인간의 죄의 값을 치르기 위해서** 육신을 가지시고 이 땅에 오신 것입니다.

둘째는 **완전한 신성**을 가지셔야 합니다. 인간이 죄의 값을 치르기 위해서는 누군가가 필요한가요? 인간의 죄의 값은 죽음입니다. 그래서 제가 안타까운 마음으로 내가 대신해서 당신의 죄 값을 치르겠다고 하면 이 공식이 성립할까요? 그럴 수 없습니다. 여러분들이 보시기에 제가 목사라서 좀 깨끗하게 보일지 몰라도 하나님 앞에서 서면 일반 성도들보다 더 죄가 클지도 모릅니다. 그렇다면 성인군자가 인간의 죄 값을 치를 수 있는가? 그럴 수 없습니다.

왜냐하면 모든 사람이 죄가 있기 때문입니다. 그렇다면 어떻게 죄 값을 치를 수 있는가요? 죄가 없는 분이셔야 가능합니다. 그 분은 바로 하늘에 계신 거룩하신 하나님이십니다. 그 분이 이 땅에 인간의 모습으로 오셨습니다. 그 분이 예수님이십니다. 그 분은 신성을 가지신 분이십니다. 남자와 여자와의 성관계로 낳은 자녀가 아니라는 것은 원죄를 가지고 태어난 인간이 아니시라는 증거입니다. 그분은 성령으로 잉태된 분이셨습니다. 다만 마리아의 몸을 빌려 성령으로 잉태되신 것뿐입니다. 그래서 예수님만이 십자가를 질 수 있습니다. 왜냐하면 완전한 신성을 가지신 분으로 죄가 없으시기 때문입니다.

그러므로 예수님이 처녀의 몸에서 탄생하신 것은 **인간을 구원하시기 위한 필요충분조건을 만족시키신 하나님의 방법**입니다. 예수 그리스도의 오심과 사심은 무엇을 위하신 것이었나요? 죽음을 위한 것이었습니다. 그래서 예수님은 우리의 고통을 멀리서 지켜보시는 분이 아니라 공감하시고 함께 아파하실 수 있습니다.

제 아들이 열이 40도까지 올라갈 때가 있었습니다. 그래서 그

아이와 새벽 2시에 응급실에 간 적이 있었습니다. 그때 심정은 하늘이 무너지는 것 같았습니다. 예수님은 십자가를 지실 때 인간이 당하는 모든 고통을 당하셨습니다. 그 고통이 어떠했을까요? 우리가 예수님의 고통을 단지 육체적인 고통으로만 이해해서 안 됩니다. 그 분이 십자가를 지실 때 완전한 하나님으로 우리를 속죄하기 위함이었다는 것을 잊지 말아야 합니다. 그 속죄의 은혜로 인하여 감사해야 합니다. 그렇지 않으면 그리스도의 죽으심은 헛된 것이 될 것입니다. 예수 그리스도의 죽음으로 우리가 살아났음을 고백하며 살아갑시다.

6. 성도의 소망, 부활

1세기 예루살렘일보

1세기 당시 예루살렘일보 1면에 큰 기사가 실렸습니다. 그 기사의 내용은 이렇습니다. '예수님이 십자가에 죽으시고 3일 후에 부활하셨다.' 당시 죽은 자가 살아난다는 것은 놀라운 일이 아닐 수 없었습니다. 특히 예수님의 부활이 논란이 된 이유는 많은 사람들 눈앞에서 똑똑히 죽으셨던 분이 다시 살아나셨기 때문입니다.

다음은 예수님의 부활사건이 예루살렘 일보에 시간적인 순서에 따라 기술되었습니다.

- 예수가 못 박힌 금요일 저녁 아리마대 요셉이 빌라도에게 시체를 요구했습니다.

- 빌라도가 아리마대 요셉의 요구를 허락하고 요셉은 예수를 세마포로 싸서 돌무덤에 넣고 큰 돌로 막았습니다.
- 병사들에게 뇌물을 주고 제자들이 와서 시체를 훔쳐갔다고 말하지 않도록 밤새 무덤을 지켰습니다.
- 이틀 후 새벽, 지진이 나고 하늘에서 내려온 천사가 무덤의 돌을 굴리고 예수가 살아났습니다.
- 다음날 유대인들은 예수 제자들이 시체를 훔치고 부활했다고 헛소문을 내지 못하게 무덤을 지키라고 요구했습니다.
- 예수는 500명 무리와 여인들과 제자들에게 나타났습니다.

1. 예수 부활에 대한 반론 및 논박

당시 예수의 부활이 뜨거운 이슈였습니다. 십자가에 못 박았던 무리들이 부활을 주장하는 자들을 모함했습니다. 또 예수의 부활은 허무맹랑한 이야기라고 반론을 펼쳤습니다. 그들의 반론은 세 가지로 요약됩니다. 그러나 진실은 언제나 거짓을 이기듯이 부활을 믿지 않는 반론에 대한 논박은 더 분명합니다.

첫째 **허위설**입니다. 실제로 예수가 부활하신 것이 아니라 제자들이 시체를 몰래 숨겼다고 주장합니다. 둘째는 **기절설**입니다. 예수님이 심한 고난을 당해서 일시적으로 기절한 것을 죽음으로 오인했다는 주장입니다. 셋째는 **환상설**입니다. 예수를 따르는 무리들이 예수의 다시 보고 싶은 열망이 컸는데, 이 열망이 환상으로 나타났다는 주장입니다. 그러나 이러한 반론은 **역사와**

성경을 볼 때 잘못된 견해입니다.

허위설의 논박은 예수님이 500명의 무리와 제자들과 여인들에게 나타나신 것입니다. 기절설의 논박은 군인들이 예수가 죽은 것을 확인했기 때문에 거짓입니다. 환상설의 논박은 초자연적 현상을 인정하면서 초자연적 부활은 인정 못하냐고 반문하는 것입니다.

당시 실제로 **초자연적인 현상**을 사모했습니다. 오늘날도 많은 사람들이 초자연적인 현상을 기대합니다. 그럼에도 불구하고 부활을 믿지 않는 사람들에게 그렇게 초자연적인 현상은 사모하면서 왜 정작 초자연적인 부활은 믿지 않는지 묻고 싶습니다. 예수님의 부활은 **완전하신 하나님**이시기에 때문에 초월적인 능력으로 이루신 현상입니다.

> 장사 지낸 바 되셨다가 성경대로 사흘 만에 다시 살아나사 게바에게 보이시고 후에 열두제자에게와 그 후에 오백여 형제에게 일시에 보이셨나니 (고전 15:4-6)

> 예수께 이르러서는 이미 죽으신 것을 보고 다리를 꺾지 아니하고 그 중 한 군인이 창으로 옆구리를 찌르니 곧 피와 물이 나오더라 (요 19:33-34)

2. 예수가 실제로 부활했다는 역사적인 증거

빌라도 보고서에 기록되어 있습니다. 빌라도 보고서는 로마의 사가 발레루스 파테쿠러스가 기록한 것으로 원제목은 '예수의 체포와 신문 및 처형에 관하여 가이사에게 보낸 빌라도의 보고서'라고 되어 있습니다. 이 보고서는 총 50권으로 되어 있고 각권이 약 60 × 120센티미터로 되어 있는 문서입니다.

이 빌라도 보고서가 공신력이 있는 이유가 있습니다.

이 보고서는 법정에서 만들어진 공문서이기 때문에 개인에 의해서 조작될 수 없을 뿐더러 지금도 터키 이스탄불 성 소피아 성당에 보관되어 있습니다. 그리고 도널드 N 리드만 박사가 영어로 번역했기 때문에 신뢰할 수 있습니다. 그 보고서 안에는 예수의 부활과 그 사건에 따른 경과를 상세하게 기록하고 있습니다. 빌라도가 예수의 부활을 인정했다면 예수를 하나님의 아들로 인정하게 됩니다.

3. 예수 부활의 의미

영원한 죽음에서의 구원입니다. 죽음에는 두 가지 종류가 있습니다. 첫째 죽음은 육체의 죽음입니다. 육체의 죽음은 질병이나 사고 또는 노쇠하여 찾아옵니다. 사람이 한번 죽는 것은 정해진 것으로 첫째 죽음은 흙으로 돌아갑니다.

둘째 죽음은 **영혼의 죽음**입니다. 예수의 부활은 우리의 영혼을 죽음에서 구원하십니다. 인간은 일차적으로 죽으면 육체의 죽음, 첫째 사망을 맞이합니다. 그리고 난 뒤에 다시 둘째 사망이 있는데, 이 둘째 사망 후에는 천국과 지옥으로 나눠집니다. 그렇다면 여기서 누가 구원함을 받을 수 있나요? 둘째 사망에서 살아남는 자들입니다.

> 너는 흙이니 흙으로 돌아갈 것이니라 하시니라 (창 3:19)

> 그러나 두려워하는 자들과 믿지 아니하는 자들과 흉악한 자들과 살인자들과 음행하는 자들과 점술가들과 우상숭배자들과 거짓말하는 모든 자들은 불과 유황으로 타는 못에 던져지리니 이것이 둘째 사망이라 (계 21:8)

> 첫째 부활에 참여하는 자들은 복이 있고 거룩하도다 둘째 사망이 그들을 다스리는 권세가 없고 도리어 그들이 하나님과 그리스도의 제사장이 되어 천 년 동안 그리스도와 더불어 왕 노릇 하리라 (계 20:6)

또 **온전한 육과 영의 회복**이 있습니다. 예수님께서 다시 오실 때 부활의 순서가 있습니다. 먼저는 죽은 자들이 무덤에서 일어납니다. 무덤에 있던 육체가 일어나 천국에 있는 영혼과 하나가 되어 영원히 천국에 거하게 됩니다. 그리고 살아 있는 자들은 온전한 육체와 영혼이 하나가 되어 영원히 천국에서 거하게 될 것입니다. 천국에는 질병이 없고, 아픔과 상처도 없습니다. 당연히 죄도 없습니다. 오직 기쁨과 평안과 **영원한 생명**만 있습니다.

> 주께서 호령과 천사장의 소리와 하나님의 나팔 소리로 친히 하늘로부터 강림하시리라 그리스도 안에서 죽은 자들이 먼저 일어나고 그 후에 우리 살아남은 자들도 그들과 함께 구름속으로 끌어 올려 공중에서 주를 영접하게 하시리니 그리하여 우리가 항상 주와 함께 있으리라 (살전 4:16-17)

어떤 새신자 청년이 찾아와서 생뚱맞게 천국에는 게임이 있냐고 물었습니다. 예수님 믿으면 천국 갈 수 있다고 들었는데, 자신도 예수님을 믿었으니 천국에 가고 싶다고 했습니다.

그리고 하는 말이 그 곳에 자신이 좋아하는 게임이 있었으면 좋겠다는 것입니다. 정말 천진난만한 얼굴이었습니다. 어떻게 대답할까 고민하다가 반드시 있을 거라고 대답했습니다. '게임으로 죄 짓는 것이 아니라면 왜 당신의 자녀가 기뻐하는 것을 못 하도록 막으시겠어?' 그리고 한 마디 덧붙였습니다.

'만약 천국에 게임이 없다면 게임보다 더 즐겁고 행복한 일들만 있을 거야.'

그렇습니다. 천국은 행복한 일만 있는 곳입니다. 그 일이 운동이든 게임이든 말입니다.

만약 그런 게임과 운동 같은 것이 없다 할지라도 확신할 수 있는 것은 이 세상에서 경험해 보지 못했던 행복한 일들만 있을 것입니다. 천국은 하나님을 찬양하는 곳인데, 하나님을 찬양하는 일이 우리가 아는 그 어떠한 재미보다 더 행복할 것입니다. 마치 아이가 부모에게 재롱을 부릴 때 아이도 기쁘고 부모도 행복하듯이 그러한 행복과 기쁨만 있을 것입니다.

4. 부활에 참여하는 자

> 예수께서 이르시되 나는 부활이요 생명이니 나를 믿는 자는 죽어도 살겠고 무릇 살아서 나를 믿는 자는 영원히 죽지 아니하리니 이것을 네가 믿느냐 (요 11:25-26)

부활에 참여하는 자가 누구인가요? 부활하신 예수 그리스도를 믿는 자입니다. 예수님의 부활을 믿을 때 예수님이 부활의 첫 열매가 되신 것처럼 우리도 그분과 함께 부활에 동참하게 될 것입니다.

여러분은 **구원에 대한 보험**이 들어있나요? 암보험, 실손보험, 종신보험 등이 우리의 위급한 상황과 막막한 노후를 보장합니다. 이생의 보험도 우리가 믿고 의지하는데 정작 들어야 할 영혼 구원의 보험을 들지 못한다면 얼마나 고통스러운 일인가요?

이 땅에서 치열한 삶을 살아가다가 진정한 구원의 복을 누리지 못한다면 얼마나 안타까운 일인가요? 마지막 때에 예수를 믿음으로 얻게 되는 구원만이 우리를 그 어떤 죽음에서도 살려낼 것입니다.

7. 천사와 사탄은 과연 존재하는가?

우스꽝스러운 빙의

케이블 방송이나 영상매체에서 퇴마사가 귀신을 쫓아낸 장면을 보신 적이 있었나요? 아니면 어떤 사람에게 귀신이 빙의된 현상을 보신 적도 있었나요? 이러한 현상들을 당신은 어떻게 생각하시나요?

TV 프로그램에서 심령술사가 빙의를 일으켜 귀신을 쫓아낸다고 해서 따라가 보는 내용이 소개되었습니다. 진행자가 심령술사를 따라가는데 심령술사가 한 연못에서 멈춰서더니 이 곳에 영혼들이 떠나지 않고 있다고 말했습니다. 그래서 진행자가 몇 명의 영혼이 있냐고 물으니 심령술사는 다섯 명이라고 했습니다. 자신 있게 그 중에 어린이도 포함되어 있다고 말했습니다.

그리고는 갑자기 빙의를 한답시고 어린이 목소리를 냈습니다. 진행자가 누가 또 있냐고 물으니 군인도 있다고 했습니다. 그러자 갑자기 남자 목소리를 냈습니다. 그런데 진행자가 빙의 목소리가 좀 이상하다는 것을 느끼고 군인이면 관등성명을 대라고 물었습니다. 움찔하면서 어색하게 일병 누구누구라고 대답하는 것입니다. 이상하게 여긴 진행자가 군가도 한번 불러 보아라고 요청했습니다. 그러자 심히 당황하더니 이런 노래를 불렀습니다.

"앞으로 앞으로 앞으로 앞으로 지구는 둥그니까 자꾸 걸어 나아가아가면.." 행진 풍으로 된 동요를 불렀던 것입니다. 그 곡은 윤석중 작사, 이수인 작곡의 '앞으로'라는 동요였습니다. 결국 심령술사는 빙의인 척 한 연기가 들통난 것입니다.

웃긴 해프닝 같지만 천사와 귀신의 존재에 대해서는 사람들의 관심이 높습니다. 귀신은 있느냐 영적의 실체가 존재하느냐에 대한 많은 질문들이 있습니다.

이 세상에는 영적인 세계가 반드시 존재합니다. 왜냐하면 하나님의 창조는 물질뿐만 아니라 비 물질세계도 창조하셨기 때문입니다.

하나님은 하늘과 땅, 해와 달과 별, 동식물과 인간뿐만 아니라 영적인 존재도 창조하셨습니다. 그러나 중요한 것은 영적인 세계를 무분별하게 수용해서 안 됩니다. 분별력을 가지고 영적인 세계를 보아야 합니다.

1. 천사들

> 만물이 그에게서 창조되되 하늘과 땅에서 보이는 것들과 보이지 않는 것들과 혹은 왕권들이나 주권들이나 통치자들이나 권세자들이나 만물이 다 그로 말미암고 그를 위하여 창조되었고 (골 1:16)

> 천지와 만물이 다 이루어지니라 (창 2:1)

천사의 기원은 성경에서 직접 드러나 있지는 않습니다. 그러나 성경 전체를 보면 하나님이 창조하셨다고 밝히고 있습니다. 특별히 골로새서에서 바울은 만물이 하나께로부터 창조되었다고 말하는데, 여기서 **보이지 않는 것들**은 영적인 실체로서 천사를 뜻합니다. 그러나 천사의 창조 시기는 정확히 모릅니다. 아마 성경 전체를 통해서 볼 수 있는 것은 천지 창조 때나 바로 직후가 아닌가 짐작합니다.

> 저녁때에 그 두 천사가 소돔에 이르니 마침 롯이 소돔 성문에 앉아 있다가 그들을 보고 일어나 영접하고 (창 19:1)

천사는 영으로 존재합니다. 일반적으로 천사라고 하면 만화 캐릭터 팅커벨 같은 날개 달린 인간 동물의 합성체라고 생각합니다. 아니면 연기와 기운崇雲으로 여깁니다. 그러나 천사가 영으로 존재한다는 것은 보이지 않는 존재라는 뜻입니다. 그러나 천사는 육체가 아닌 영으로 존재하기 때문에 보이지 않지만 특별한 때에 인간이 보이도록 나타내십니다. 왜냐하면 **인간은 육적인 존재이자 영적인 존재이기 때문입니다.**

> 내가 또 보고 들으매 보좌와 생물들과 장로들을 둘러 선 많은 천사의 음성이 있으니 그 수가 만만이요 천천이라 (계 5:11)

> 주께서 호령과 천사장의 소리와 하나님의 나팔소리로 친히 하늘로부터 강림하시리니 (살전 4:16)

천사의 수는 만만이요 천천이라고 하는 것은 셀 수 없는 수많은 무리를 뜻합니다. 천사의 조직은 마치 군대와 같은 진영을 가지고 있습니다. 천사에게도 대장이 있어서 천사를 진두지휘하기도 합니다. 예수 그리스도가 다시 오실 때 천군천사의 호위를 받으시며 오십니다. 그리고 예수님이 신자들을 영원한 천국으로 이끌어 가실 때 천사들은 돕는 역할을 할 것입니다.

2. 사탄 (귀신들)

> 네가 옛적에 하나님의 동산 에덴에 있어서... 네가 지음을 받던 날에 너를 위하여 소고와 비파가 준비되었도다 (겔 28:13)

> 네가 지음을 받던 날로부터 네 모든 길에 완전하더니 마침내
> 네게서 불의가 드러났도다 (겔 28:15)

사탄은 하나님이 창조하지 않으셨습니다. 사탄은 원래 천사로 창조되었었는데, 타락하면서 사탄이 되었습니다. 이 천사의 이름은 **루시퍼**였습니다. 그는 원래 하나님을 찬양하는 존재로 부르심을 받았습니다. 그는 마치 성가대가 하나님을 찬양할 때 그 한 가운데 지휘자처럼 하나님을 높이는 한 가운데 있었습니다.

이사야 14장 12-14절에 이 천사는 천사장으로서 KJV은 루시퍼로 번역하고 있습니다. 그런데 그는 하나님이 받으시는 영광의 맛을 보고 큰 매력을 느꼈습니다. 그래서 하나님의 영광을 가로채려고 마음먹었습니다. 그 때 중심을 보시는 하나님은 그를 진노하셨고, 결국 하나님의 저주를 받아 사탄이 되었습니다. 이 계명성_{루시퍼}이 하늘에서 떨어진 이유는 지극히 높은 이와 같아지고자 한 **탐욕** 때문이었습니다.

> 네가 아름다우므로 마음이 교만하였으니 네가 영화로우므로
> 네 지혜를 더럽혔음이여 내가 너를 땅에 던져 왕들 앞에 두
> 어 그들의 구경거리가 되게 하였도다 (겔 28:17)

천사의 타락의 시기는 정확히 모릅니다. 그러나 아마 인간 창조 후에 나타났다고 짐작합니다. 왜냐하면 하나님이 피조물에게 영광을 받으시는 것을 보고 가로채려고 시도하는 것에서부터

죄가 시작되었다고 보기 때문입니다. 교만은 악의 시작입니다.

죄의 시작이 타락이기도 합니다. 오늘날 많은 지도자들이 얼마나 교만하기 쉬운 자리에 있는지 모릅니다. 교회에서도 앞선 자들이 죄짓기 좋은 자리에 노출되어 있는 것도 부인할 수 없습니다.

또한 범죄하기 쉬운 사람들이 루시퍼처럼 음악하는 사람들입니다. 음악으로 사람들의 환호를 받은 자들은 그 달콤한 맛을 압니다. 교회 내에 반주자들도 얼마나 시기 질투가 심한지 모릅니다. 이때부터 교만이 싹트고 죄 짓게 됩니다. 그러므로 교만치 않도록 **겸손**으로 무장해야 합니다. 사탄이 틈타지 못하도록 깨어 있어야 합니다.

사탄은 모든 악의 우두머리라고 하기도 하고 귀신들의 대장이라고 말하기도 말합니다. 사탄은 부하들을 거느리고 있는데, 이 존재들을 귀신들이라고 말하기도 합니다. 이 귀신들은 구체적으로 사탄의 지령을 받아 실행하는 행동대원들과 같습니다.

> 사탄이 일어나 이스라엘을 대적하고 다윗을 충동하여 이스라엘을 계수하게 하니라 (대상 21:1)

> 예수께서 이미 그에게 이르시기를 더러운 귀신아 그 사람에게서 나오라 하셨음이라 이에 물으시되 네 이름이 무엇이냐 이르되 내 이름은 군대니 우리가 많음이니이다 하고 (막 5:8-9)

모든 악은 사탄이 일으킵니다. 그 악을 실행하는 행동대원들은 귀신들입니다. 귀신들은 여러 종류의 귀신들이 있다고 어떤 부흥사들은 말하기도 합니다. 음란의 귀신, 탐욕의 귀신, 도박의 귀신, 술의 귀신 등등이 있는데, 이러한 귀신들을 사람들에게 붙어 꼼짝 못하게 만듭니다.

오늘날 우리 주변에 일어나는 사건사고를 보면 너무나도 놀랄 때가 많습니다. 도박을 해서 온 집안을 날리기도 합니다. 술로 한 사람의 인생을 송두리째 빼앗아 갑니다. 음욕으로 인생과 가정을 파괴하기도 합니다. 이 모든 것이 악한 귀신의 역사입니다. 이 귀신을 역사를 경계해야 합니다.

> 너희는 너희 아비 마귀에게서 났으니 너희 아비의 욕심대로 너희도 행하고자 하느니라 그는 처음부터 살인한 자요… 그가 거짓말쟁이요 거짓의 아비가 되었음이라. (요 8:44)

'아비의 욕심대로'라는 뜻은 탐욕의 속성을 뜻합니다. 탐욕은 소유의 주인을 하나님으로 인정하지 않고 더 가지려는 속성입니다. 오늘날 사탄의 대표적인 활동들에 의해서 사탄의 노예가 될 수 있습니다.

'처음부터 살인한 자요'라는 말은 파괴의 속성을 뜻합니다. 말이 얼마나 사람들을 파괴하고 있는지 모릅니다. 칼로 찌르는 것만 살인하는 것인가요. 아닙니다. 말과 눈빛으로 죽이는 것도 사람을 죽이는 것입니다. '거짓의 아비'는 거짓의 속성을 뜻합니다. 우리의 의식과 말 속에 거짓과 술수를 통해 거짓의 노예가 되어 버립니다. 그러므로 사탄에게 넘어지지 않도록 늘 깨어 근신해야 합니다.

3. 천사와 사탄의 결말

> 또 내가 보매 천사가 무저갱의 열쇠와 큰 쇠사슬을 그의 손에 가지고 하늘로부터 내려와서 용을 잡으니 곧 옛 뱀이요 마귀요 사탄이라 잡아서 천 년 동안 결박하여 (계 20:1-2)

> 또 그들을 미혹하는 마귀가 불과 유황 못에 던져지니 거기는 그 짐승과 거짓 선지자들도 있어 세세토록 밤낮 괴로움을 받으리라 (계 20:10)

성경의 역사관은 **직선적 역사관**입니다. 반드시 시작이 있으면 끝이 있습니다. 죄가 있으면 심판이 있습니다. 보이지 않는 영적인 피조물도 반드시 잘잘못에 대한 심판을 받습니다. 하나님을 대적하고 하나님의 백성들을 시험하고 사망으로 몰아가려고 했던 사탄과 마귀는 마땅히 영원한 형벌 가운데 처하게 될 것입니다.

4. 사탄에 대한 우리의 자세

먼저는 두려워하지 말아야 합니다. 사탄이 아무리 인간을 해하려고 하지만 예수 그리스도의 십자가의 능력은 이미 인간의 모든 죄와 사망에서 자유케 하십니다. **복음에는 모든 죄에서 자유케 하는 권세가 있습니다.** 예수님의 부활을 믿을 때 우리에게도 그 부활의 능력이 부여 됩니다.

> 통치자들과 권세들을 무력화하여 드러내어 구경거리로 삼으시고 십자가로 그들을 이기셨느니라 (골 2:15)

그러나 깨어 경계해야 합니다. 예수님은 부활의 능력으로 사탄의 머리를 박살냈습니다. 사탄은 마지막까지 한 영혼이라도 사망으로 몰아가려고 발악을 하고 있습니다. 예수님이 재림하셔서 완전한 승리를 이루기까지 우리는 늘 깨어 있어야 합니다.

> 근신하라 깨어라 너희 대적 마귀가 우는 사자같이 두루 다니며 삼킬 자를 찾나니 (벧전 5:8)

천로역정에 보면 주인공인 크리스천이 믿음의 여정에서 좁은 길 앞에서 두 마리의 사자를 만납니다. 크리스천은 더럭 겁이 납니다.

다시 돌아가려고 하는데 성문에 있던 경계watchful라는 문지기가 외칩니다. '사자들은 사슬에 매여 있으니 무서워 할 필요가 없습니다.' 이 대목에서 사탄을 대하는 신자의 자세를 엿볼 수 있습니다.

신자는 사탄을 두려워해서 안 됩니다. 사탄은 사슬에 묶여 있어서 신자에게 영향력을 행사할 수 없습니다. 그러나 경계는 해야 합니다. 비록 사자가 묶여 있지만 사탄의 사정권 안에 들어가면 발톱으로 할퀴게 되어 심각한 손상을 입을 것입니다. 이처럼 사탄의 위력을 우습게보고, 안일한 마음으로 사탄에게 다가가다간 영적으로 심각한 손상을 입을 수 있습니다. 사탄이 우는 사자와 같이 두루 삼킬 자를 찾고 있는 이 마지막 때에 깨어 믿음을 지켜야 합니다.

마지막으로 마귀를 적극적으로 대적해야 합니다. 사탄의 공격을 대적하는 방법은 두 가지가 있는데, 소극적인 방법과 적극적인 방법이 있습니다. 소극적인 방법은 **하나님께 요청하는 것**입니다. 하나님의 능력을 신뢰하고 마귀를 쫓아내 주시길 간구하는 것입니다. 적극적인 방법은 직접 마귀를 꾸짖는 것입니다.

> 그런즉 너희는 하나님께 복종할지어다 마귀를 대적하라 그리하면 너희를 피하리라 (약 4장 7절)

예수님은 부활하시고 승천하실 때 **하늘과 땅의 권세를 이미 우리에게 주셨습니다.** 그 권세를 마귀를 대적할 때 사용하면 됩니다. 예수의 이름에 능력이 있음을 믿고 마귀를 쫓아내야 합니다.

예수의 이름으로 마귀를 꾸짖고 대적할 때 한 길로 왔다가 일곱 길로 도망가게 될 것입니다.

8. 흔들리지 않는 구원의 증거, 성화

풀리지 않는 의문

사역을 하면서 풀리지 않는 딜레마가 있습니다. 과거에 은혜를 경험했다고 하는 사람들이 하나님을 떠나서 교회를 나오지 문제입니다. 방언과 신유의 은사를 받았던 사람들이 교회를 나오지 않더니 결국 불신자 보다 악한 삶을 살아갑니다. 과거에 봉사도 많이 했고 리더활동도 한 청년들이 교회를 떠납니다. 여러 가지 이유가 있겠지만 가장 근본적인 이유가 대다수의 사람들이 구원을 **한 번의 사건으로만 오해**했기 때문입니다. 구원은 예수를 믿으면 그만이지 행위가 뭐 그리 중요하냐고 반문합니다. 그러나 성경을 깊이 살펴보면 구원을 쉽게 예수님을 한 번 믿는 고백 정도로만 말하지 않습니다. 더 고차원적이고 총체적인 구원의 원리가 있습니다. 특히 세 가지의 구원의 원리를 말하고 있는데, 이 구원의 원리를 모두 이룰 때 참된 구원이 주어집니다.

칭의의 구원

하나님이 먼저 죄 된 우리를 거룩하게 하시어 의롭다고 여겨주시는 구원

> 우리가 믿음으로 의롭다 하심을 받았으니 우리 주 예수 그리
> 스도로 말미암아 하나님과 화평을 누리자 (롬 5:1)

성화의 구원

그리고 거룩함을 입은 우리가 점점 더 거룩하게 변화되어져 가는 구원

> 그러므로 나의 사랑하는 자들아 너희가 나 있을 때뿐 아니라
> 더욱 지금 나 없을 때에도 항상 복종하여 두렵고 떨림으로
> 너희 구원을 이루라 (빌 2:12)

영화의 구원

흠과 티가 없는 완전한 거룩의 상태를 이루는 구원

> 또 미리 정하신 그들을 또한 부르시고 부르신 그들을 또한
> 의롭다 하시고 의롭다 하신 그들을 또한 영화롭게 하셨느니
> 라 (롬 8:30)

회사에서 진급 시즌이 되면 무성한 소문들이 있지만 결국 마지막에 공고가 날 때 알 수 있습니다. 결혼도 아무리 결혼 시기를 말하지만, 결혼식장에 신랑 신부가 들어가 봐야지 알 수 있습니다. 이처럼 천국도 정확하게 말해서는 마지막에 가봐야지 압

니다. 그러므로 늘 구원에 대해서 안심해선 안 되며 두렵고 떨리는 마음으로 **구원을 이뤄가야 합니다.**

> 한 번 빛을 받고 하늘의 은사를 맛보고 성령에 참여한 바 되고 하나님의 선한 말씀과 내세의 능력을 맛보고도 타락한 자들은 다시 새롭게 하여 회개하게 할 수 없나니 이는 그들이 하나님의 아들을 다시 십자가에 못 박아 드러내 놓고 욕되게 함이라 (히 6:4-6)

> 그러므로 나의 사랑하는 자들아 너희가 나 있을 때뿐 아니라 더욱 지금 나 없을 때에도 항상 복종하여 두렵고 떨림으로 너희 구원을 이루라 (빌 2:12)

1. 구원을 잘못 이해한 두 속단

첫째는 예수를 입으로 시인했기 때문에 구원 받을 수 있다는 속단입니다. 물론 누구든지 주 예수의 이름을 부르는 자는 구원을 얻는다고 성경을 말씀하고 있습니다. 그러나 한 번의 고백만으로 가는 것이 아닙니다. 왜냐하면 예수님은 나더러 주여 주여 하는 자마다 천국에 들어가는 것이 아니라 하나님의 뜻대로 행하는 자라야 들어간다고 말씀하셨기 때문입니다. 둘째는 예수를 믿지만 죄를 너무 많이 지어 갈 수 없다고 하는 속단입니다. 물론 우리는 죄 가운데 거하지 않고 죄를 미워해야 합니다. 그러나 예수님을 믿고 영접할 때 과거와 현재와 미래의 죄로부터 자유케 되는 능력을 힘입게 되었습니다. 우리의 의는 행위에 있지 않고 믿음에 근거하기 때문입니다. 그러므로 **믿음과 행위에 대한 긴장감과 균형감이 필요합니다.**

> 나 더러 주여 주여 하는 자마다 다 천국에 들어갈 것이 아니요 다만 하늘에 계신 내 아버지의 뜻대로 행하는 자라야 들어가리라 (마 7:21)

> 그러므로 사람이 의롭다 하심을 얻는 것은 율법의 행위에 있지 않고 믿음으로 되는 줄 우리가 인정하노라 (롬 3:28)

2. 어떻게 참된 구원을 받을 수 있는가?

구원은 주여 주여 라고만 하는 것으로 되지 않고 하나님의 뜻대로 행해야 합니다. 그렇다고 주의 뜻대로 행하는 행위에 따라 구원을 받는 것이 아닙니다. 사람이 선한 삶을 산다고 얼마만큼 선한 삶을 살기에 구원에 이르는 조건이 될까요. 아닙니다.

그렇다면 믿음만을 강조해서도 안 되고, 또 행위만을 간과해서도 안 된다고 한다면 진정 구원을 받았다고 하는 확실한 근거는 무엇인가요? 현재적인 성화가 있느냐가 관건입니다.

과거에 예수를 믿었다고 하면서 교회를 떠난 삶이 계속된다면 그 구원은 확실치 않은 구원입니다. 예수를 입으로 고백하지만 고백에 합당한 삶으로 변화하지 않는다면 구원은 불분명합니다. '**칭의**'를 받았다고 하면서도 '**성화**'의 삶이 나타나지 않는다면 구원은 확실치 않습니다. 반드시 생명의 씨가 땅에 떨어지면 변화가 있습니다. 싹이 나고 줄기가 자라고 잎사귀가 나고 결국 꽃을 피웁니다. 이것이 생명에 따른 변화입니다. 우리의 구원도 마찬가지입니다. 칭의의 씨가 뿌려지면 성화의 싹이 뜨고, 줄기와 잎사귀가 나야합니다. 그러한 변화가 있을 때 영화의 꽃이 피게 됩니다. 믿음으로 의롭게 여기심을 받은 자에게 따라오는 것은 **성화의 삶**입니다. 예수를 믿음으로 영접한 자들에게는 성령께서 내주하시고 **반드시 거룩하게 변화시켜 가십니다.**

> 너희 몸은 너희가 하나님께로부터 받은바 너희 가운데 계신 성령의 전인 줄을 알지 못하느냐 너희는 너희 자신의 것이 아니라 값으로 산 것이 되었으니 그런즉 너희 몸으로 하나님께 영광을 돌리라 (고전 6:19-20)

3. 한국교회의 구원관의 문제

과거 한국교회에는 구원의 확신만을 강조하여 성화의 교리를 말하지 않았습니다. 많은 사람들에게 예수를 믿으면 구원을 받는 칭의의 구원만 말하고 구원에 합당한 성화의 삶을 강조하지 않았습니다. 그래서 결국 복음을 값싼 복음으로 전락시켰습니다. 그래서 한국 교회는 성화되지 않는 신자들을 양산했습니다.

어떤 장로님은 교회에서는 존경받지만 집안에서는 폭력남편인 분도 계십니다. 어떤 집사님은 새벽기도는 열심히 하는데 직장에서 온갖 비리의 대표주자이기도 합니다. 어떤 청년은 교회에서 리더인데 혼자 있을 때는 음란물 중독에 빠져 있습니다.

어떤 교회는 겉으로는 자선사업을 많이 하지만 내부적으로는 분열과 분쟁이 끊어지지 않습니다. 신앙생활을 10년, 20년 해도 변화되는 모습이 하나도 없다면 그들의 구원은 불확실합니다. 왜냐하면 구원은 칭의의 구원과 성화의 구원을 통해서 영화의 구원으로 총체적인 구원이기 때문입니다.

> 그들의 열매로 그들을 알지니 가시나무에서 포도를, 또는 엉겅퀴에서 무화과를 따겠느냐 (마 7:16)

> 아름다운 열매를 맺지 아니하는 나무마다 찍혀 불에 던져지느리라 이러므로 그들의 열매로 그들을 알리라 (마 7:19-20)

4. 성화의 본질

첫째는 도덕성이 아닌 **영적인 삶의 개선**이어야 합니다. 착한 것과 성화되었다는 것과는 엄연한 차이가 있습니다. 천성이 불쌍한 사람을 보면 도와주는 사람이 있습니다.

아프리카에 굶어 죽어가는 사람들을 보면서 후원해 줍니다. 돈을 많이 벌어서 대놓고 헌금도 많이 합니다.

그러나 그 사람이 성화되었다고 말할 수 없습니다. 이 모든 행동의 동기는 자기 자신에서 비롯되었기 때문입니다. 반면 왕따당하는 친구가 있었는데 예수님이 죄인과 세리의 친구가 되어주었던 모습이 떠올라 그의 친구가 되어 주었습니다. 방탕한 삶을 살 때 과거에는 아무런 거리낌이 없었는데 그런 삶은 예수님이 슬퍼하신다는 것을 깨닫고 방탕의 삶을 청산했습니다. 구원받은 것도 감사한데 건강과 직장을 주신 것을 감사하며 신앙의 고백으로 헌금을 드렸습니다. 이 모든 것은 성화된 행동입니다. 왜냐하면 이 모든 영적인 삶은 예수 그리스도의 성품이나 말씀으로 비롯되었기 때문입니다.

> 그러므로 형제들아 내가 하나님의 모든 자비하심으로 너희를 권하노니 너희 몸을 하나님이 기뻐하시는 거룩한 산 제물로 드리라 이는 너희가 드릴 영적 예배니라 너희는 이 세대를 본받지 말고 오직 마음을 새롭게 함으로 변화를 받아 하나님의 선하시고 기뻐하시고 온전하신 뜻이 무엇인지 분별하도록 하라 (롬 12장 1-2절)

둘째는 **죄를 혐오하는 삶**이어야 합니다. 구원받은 자들은 성화되는 삶에 대해서 관심을 가집니다. 그런데 성화되는 삶을 살아가려고 할 때 가장 방해하는 요소는 무엇인가요? 죄입니다. 죄가 성화의 삶을 무너뜨립니다. 죄의 생각과 죄 짓는 행동들이 거룩한 삶을 방해합니다. 죄의 파괴력은 강력합니다. 죄를 지으면 하나님께 나아가는 것을 무력화시킵니다. 습관적인 죄를 지으면서 어떻게 내가 하나님의 자녀라고 할 수 있을까 정죄감이 들게도 합니다. 죄로 인해서 자꾸 넘어지게 되면 나 같은 인간은 소용이 없어라고 자괴감까지 듭니다. 그렇기 때문에 성화되고자 힘쓰는 사람은 철저하게 죄를 혐오합니다. 죄를 미워하게 됩니다. 그래서 죄를 짓게 만드는 상황들을 피하려고 할 것입니다. 그런데 구원 받았다고 하면서 죄를 혐오하지도 않는다면 구원받은 사람이라고 할 수 없을 것입니다. 죄를 지어도 아무런 죄의식도 없고, 죄에 대해서 무감각해져만 간다면 구원이 불분명할 것입니다.

그러므로 죄를 철저하게 미워해야 합니다. 죄를 미워할 때 죄는 우리에게 점점 멀어져 갑니다.

> 너희가 육신대로 살면 반드시 죽을 것이로되 영으로써 몸의
> 행실을 죽이면 살리니 (롬 8:13)

셋째는 **전 인격에 영향**을 미쳐야 합니다. 영적인 삶의 개선이 일어난다는 것을 단지 신앙적인 부분에서만 국한해선 안 됩니다. 성화를 말할 때 단지 종교의식으로만 제한해서 안 됩니다. 물론 성화가 이루어지면 예배를 잘 드립니다. 기도를 많이 합니다. 찬송을 많이 부릅니다. 봉사를 해도 기쁩니다. 그러나 **성화된 삶은 그와 함께 반드시 인격의 변화가 이루어지게 됩니다.** 과거의 쓴 뿌리가 치유되어 집니다. 성화될 때 미워했던 사람도 사랑하게 되고 상처를 준 사람도 용서하게 됩니다. 삶의 현장에서 성

실하게 살아갑니다. 과거에 나를 거룩하게 하신 분은 지금도 내가 거룩하게 변화시키시고 있기 때문에 미래에도 나를 거룩하게 이끌어 가실 것을 믿습니다.

> 오직 성령의 열매는 사랑과 희락과 화평과 오래 참음과 자비와 양선과 충성과 온유와 절제니 이같은 것을 금지할 법이 없느니라 (갈 5:22-23)

5. 성화의 최종 목적

성화는 **거룩하게 변하는 것**을 뜻합니다. 거룩하게 변한다는 것이 어떤 의미일까요? 산 속에 들어가서 3년간 도를 닦고 수염을 길러서 세속에 물들지 않는 것일까요?

기도를 하루에 3시간, 4시간해서 어느 부흥사처럼 쉰 목소리를 내는 것일까요? 방언이나 예언의 은사를 받아서 신령한 언어를 하는 것일까요?

아닙니다. 거룩하게 변화되었다고 하는 최종 목적은 **예수를 닮는 것**입니다. 작은 예수로 살아가는 것입니다. 우리의 언어가 예수의 언어가 되어야 합니다. 우리의 습관이 예수의 습관이 되어야 합니다.

저는 성화를 생각하면서 회개했습니다. 저는 운전을 할 때 급하게 하는 습관이 있습니다. 급발진도 하고 브레이크도 급하게 잡습니다. 그러면서 합리화합니다. 목사는 심방시간을 맞추려면 어쩔 수 없는 거야. 그러나 과연 이 모습이 예수님을 닮은 모습인지 생각해 보았습니다. 작은 예수의 모습이 아니었습니다. 그래서 예수님이 운전을 하시듯이 나도 운전하도록 다짐하게 되었습니다.

성화의 삶은 믿음으로 의롭다 칭함을 받은 자들에게는 자연스럽게 나타나는 열매입니다. 내주하시는 **성령께서 거룩한 모습으로 빚어 가시는 과정**입니다. 우리의 삶의 영역에서 거룩하게 변화하여 예수를 닮은 모습으로 살아갑시다.

> 이로써 그 보배롭고 지극히 큰 약속을 우리에게 주사 이 약속으로 말미암아 너희가 정욕 때문에 세상에서 썩어질 것을 피하여 신성한 성품에 참여하는 자가 되게 하려 하셨느니라 (벧후 1:4)

한 할아버지가 손자를 앉혀 놓고 이렇게 말했습니다.

"네 마음 속에는 두 마리의 여우가 있단다. 첫째는 미움과 저주와 비난을 하는 검정 털의 여우가 있단다. 둘째는 축복과 사랑과 격려를 하는 흰 털의 여우도 있단다." 그 때 손자가 물었습니다. "할아버지, 검정 털의 여우와 흰 털의 여우가 싸우면 누가 이기는 거예요?" 그 때 할아버지는 손자에게 이렇게 말했습니다. "응 그건 네가 먹이를 많이 주는 여우가 이기는 거란다."

바울은 자신의 몸을 쳐서 복종하게 함은 내가 남에게 복음을 전한 후 자신은 도리어 버림을 받을까 두려워 함이라고 했습니다고전 9:27. 그가 구원의 확신이 없어서가 아니라 자신을 쳐서 복종하는 성화의 삶을 살았기 때문입니다.

9. 잊지 말아야 할 교회의 본질

펭귄의 공동체

펭귄은 펭귄과에 속한 새를 통틀어 일컫는 것으로 몸길이 40cm정도의 작은 것에서 120cm 가량의 큰 것까지 여러 종류가 있습니다. 펭귄의 특징은 크게 두 가지가 있는데 첫째는 날지 못합니다. 그래서 늘 포식자의 위협을 받습니다. 둘째는 무리 생활을 합니다. 포식자들로부터 생존하기 위한 그들만의 전략입니다.

하나님이 교회를 허락하신 이유도 마찬가지입니다. 개개인으로는 무너질 수밖에 없지만 공동체 안에 있을 때 사탄의 공격으로부터 이길 수 있습니다. 그런데 공동체 생활에 대해서 오해하는 자들이 많습니다. 첫째는 예수를 믿는 것이 구원의 조건이지 교회에 나가는 것이 구원의 조건이 아니므로 혼자서 믿겠다는 것입니다. 둘째는 교회에 가면 자꾸 사람들의 모습 때문에 시험을 받으니까 교회에 나가지 않겠다는 것입니다. 그러나 우리가 믿는 것은 무엇인가요? **신앙의 대상은 교회 공동체도 포함합니다.** 사도신경에 보면 하나님, 예수님, 성령님을 믿을 뿐 아니라 거룩한 공회를 믿는다고 말합니다. 거룩한 공회는 공적인 교회를 믿는다는 뜻입니다.

1. 거룩한 공회

사도신경은 예수님의 제자들이 신앙의 고백을 정례화한 것입니다. 1세기 당시 외부적인 박해와 내부적인 이단의 공격이 심했습니다. 그래서 교회는 기독교 교리를 체계화 했습니다. 그 때 사도신경에서 거룩한 공회를 공식화 했습니다. 거룩한 공회는 'Catholic church'를 뜻하는 것으로 보편적인 교회를 뜻합니다. 보편적인 교회는 '모든 시대', '모든 신자'를 통칭합니다. 초대교회, 현대교회, 동남아시아교회, 미국교회, 개척교회, 대형교회이든 주 예수 그리스도를 주로 시인하는 교회는 모두 교회라고 말할 수 있습니다. 그러므로 작은 교회라고 우습게 보아선 안 됩니다. 큰 교회라고 자랑해서도 안 됩니다. **하나님이 주인 되신 곳이라면 어디든 교회의 영광이 있습니다.**

2. 교회는 사람이다.

> 고린도에 있는 하나님의 교회 곧 그리스도 예수 안에서 거룩
> 하여지고 성도라 부르심을 받은 자들과 또 각처에서 우리의
> 주 곧 그들과 우리의 주 되신 예수 그리스도의 이름을 부르
> 는 모든 자들에게 (고전 1:2)

위 본문은 **교회의 정의**를 말하고 있습니다. 교회는 두 가지 조건을 충족시켜야 합니다. 첫째는 교회는 세상으로부터 부르심을 받은 사람들입니다. 구약에서는 '카알'이라고 해서 부르다는 뜻을 회중, 집회라고 사용되었습니다. 신약에서는 '에클레시아'라 하여 에크~부터 + 칼레오부르다라고 말합니다. 즉 **세상으로부터 거룩하게 구별됨을 받은 무리**를 뜻합니다. 둘째는 **예수 그리스도의 이름을 부르는 공동체**입니다.

세상으로부터 부르심을 받아서 교회 안에서 뭘 한다는 것인가요? 운동하고 식사하면서 교제만 하는 것일까요? 아닙니다. 교회는 사교모임으로만 전락해서 안 됩니다. **예배하는 공동체**야 합니다. 예수 그리스도의 이름을 부르고 하나님만을 예배해야 합니다. 그렇다면 두 가지 충족 조건을 통해서 교회의 대정의를 무엇이라고 할 수 있을까요? 교회는 건물이 아니라 사람입니다. 세상으로부터 부르심을 받은 '자들', 예수 그리스도의 이름을 부르는 '자들'이라고 하여 사람을 뜻합니다.

우리들은 흔히 교회를 말할 때 건물의 모습을 보고 교회를 판

단합니다. 교회 건물이 크고 화려하면 좋은 선입견을 가집니다. 반대로 교회가 작고 지하나, 상가에 있으면 나쁜 선입견을 가집니다. 그러나 **교회는 건물이 아닙니다.** 세상에서 거룩하게 부르심을 받은 자들이 예수 그리스도의 이름을 부른다면 그 어떤 교회이든 거룩한 교회가 됩니다.

3. 교회의 탄생

> 또 내가 네게 이르노니 너는 베드로라 내가 이 반석 위에 내 교회를 세우리니 음부의 권세가 이기지 못하리라 (마 16:18)

> 이르시되 너희는 나를 누구라 하느냐 시몬 베드로가 대답하여 이르되 주는 그리스도시요 살아계신 하나님의 아들이시니이다 (마 16:15-16)

교회의 탄생은 예수 그리스도에 대한 신앙고백 위에 세워졌습니다.

로마 카톨릭은 교회는 베드로의 고백이 아니라 베드로 자체라고 오해했습니다. 초대교황을 베드로에서 지금의 266대 교황 성 프란시스코에 이르기까지 '인물'이라고 생각했습니다. 그러나 아무리 대형교회에 사람들이 많이 모이고 최신식 건물의 교회와 유명한 목사가 있어도 예수님에 대한 신앙고백이 없을 때는 그 교회는 하루아침에 무너지고 맙니다.

미국의 LA에 가면 과거의 영광스러운 모습을 뒤로 한 채 성당으로 바뀐 안타까운 교회가 있습니다. 로버트 슐러목사가 담임했던 수정교회입니다. 1955년 캘리포니아 주 오렌지카운티의 드라이브 극장에서 교회를 개척했습니다. 교회를 처음에 급성장했고 2,700명이 앉을 수 있는 좌석과 세계에서 가장 큰 파이프 오르간을 보유했습니다.

그러나 그 교회는 2010년 10월 파산보호 신청을 했습니다. 결국 2011년 12월 카톨릭 교회에 매각되면서 성당으로 바뀌었습니다. 그 이유는 긍정철학의 한계, 세습과 가족갈등, 탈세 등으로 교회가 복음의 본질을 잃었기 때문입니다.

4. 초대교회의 탄생

1) 구약의 오순절

> 너는 엿새 동안은 무교병을 먹고 일곱째 날에 네 하나님 여호와 앞에 성회로 모이고 일하지 말지니라 (신 16:8)

> 일곱 주를 셀지니 곡식에 낫을 대는 첫날부터 일곱 주를 세어 네 하나님 여호와 앞에 칠칠절을 지키되 (신 16:9-10)

초대교회의 탄생은 **오순절 성령강림사건**을 근거로 하는데 이미 구약에서부터 예언된 바 있습니다. 구약의 오순절은 칠칠절, 맥

추절이라고도 하는데, 첫 안식일인 유월절을 기준으로 합니다.

유월절 다음날부터 6일 동안 무교절을 지킵니다. 이 때는 성회로 모여서 무교병을 먹습니다. 이 때 7일 동안은 일을 하지 않아야 합니다.

7일이 지나고 무교절이 마치면 두 번째 안식일(큰 안식일)이 됩니다. 두 번째 안식일 다음날이 초실절이라고 해서 보리를 베는 첫날을 말합니다. 이 날을 맥추절이라고 합니다.

이 다음날부터 7일을 7주 동안 지냅니다. 그래서 칠칠절이라고 합니다. 이렇게 50일이 차면 오순절이 됩니다.

2) 신약의 오순절

> 오순절 날이 이미 이르매 그들이 다같이 한 곳에 모였더니 홀연히 하늘로부터 급하고 강한 바람 같은 소리가… (행 2:1-3)

> 그가 고난 받으신 후에 또한 그들에게 확실한 많은 증거로 친히 살아계심을 나타내사 사십 일 동안 그들에게 보이시며 (행 1:3)

신약의 오순절은 **예수 그리스도의 죽음**을 기준으로 합니다. 예수님의 죽으신 날은 안식일 전날로서 유월절이었습니다. 그리고 3일째 되던 날, 안식 후 다음날에 부활하셨습니다. 그 때 부활의 첫 열매가 되었습니다. 구약의 초실절은 보리를 베는 날을 뜻합니다. 그리고 40일이 지나서 승천하시게 됩니다. 그리고 9일이 지나서 50일째 되는 날이 오순절이 되었습니다. 이처럼 예수님의 죽음과 부활과 승천과 성령의 강림은 구약으로부터 예언되었던 사건이었습니다. 이 날들은 구약의 오순절기간과 정확하게 일치합니다. 이처럼 오순절의 성령의 강림사건은 우연한 사건이 아니라 **하나님의 언약 속에 계획된 일**입니다. 그 성령의 역사의 열매로 교회가 탄생한 것입니다.

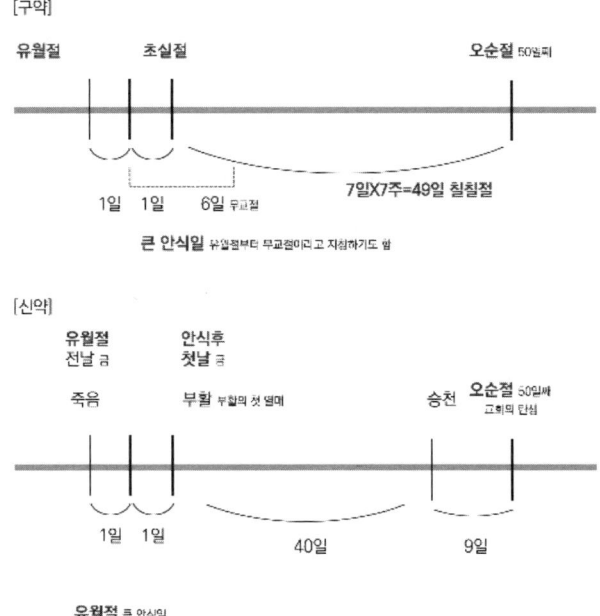

그림 2. 구약과 신약의 오순절 비교: 교회의 탄생

5. 교회와 교회생활

'21세기 교회의 핵심 이슈는, 성장이 아니라 건강입니다' 이 말은 새들백 교회의 릭 웨렌이 한 유명한 말입니다. 지난 시절 교회가 성장에 집착했다면 오늘 이 시대는 교회의 건강에 관심을 쏟아야 합니다. 그렇다면 건강한 교회는 어떻게 세워질까요? 단연 건강한 교회는 건강한 교회의 본질을 따라 행하는 것입니다.

첫째, **건강한 신앙인은 교회생활을 잘 해야 합니다**. 예배만 드리는 것만이 아니라 예배와, 교제와 봉사와 헌신과 전도가 모두 어우러져야 합니다. 그런데 많은 사람들이 한 쪽으로만 치우쳐 균형을 잃은 모습을 보입니다. 균형을 잃으면 건강한 성장이 이루어 질 수 없습니다. 아래와 같은 나무 용기가 있다고 합시다. 예배와 교제와 봉사와 헌신은 온전한데, 전도라는 한 나무판이 부서졌다고 합시다. 그러면 다른 것이 아무리 충분해도 물은 부서진 부분만큼만 차게 됩니다. 이처럼 건강한 신앙을 이루려면 모든 면에서 균형과 조화를 이루어야 합니다.

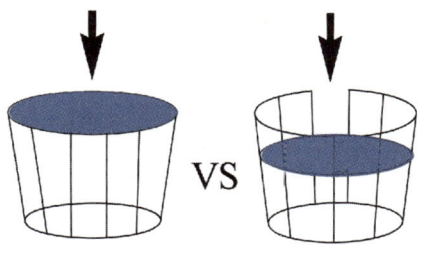

그림 3. 균형잡힌 용기와 부서진 용기

둘째, 건강한 교회는 모이고 흩어지는 교회입니다. 이것은 하나님이 우리를 부르신 목적입니다. 베드로가 변화산에서 예수님이 영광스러운 모습으로 변화되는 모습을 보았습니다.마 17장 베드로는 그 영광이 너무 좋아서 예수님에게 이 곳에 주와 모세와 엘리야를 위한 초막을 짓자고 말합니다. 그 때 예수님은 베드로의 바람이 무색할 정도로 사라져 버리셨습니다. 이 사건은 오늘날 교회 안에서만 머무르려고 하는 신자들을 향해 일침을 가하는 사건입니다. 초대 교회는 모이기를 힘썼습니다. 그러나 심각한 과오는 모이기만을 힘썼습니다. 그래서 하나님께서 핍박을 가하셨습니다. 그래서 예루살렘 교회는 각지로 흩어지게 되었고, 안디옥 교회를 탄생시켰습니다. 결국 하나님은 안디옥 교회를 통해서 선교사역을 감당하게 하셨습니다. 교회는 모여야 합니다. 그리고 또 흩어져야합니다. 흩어져서 또다시 모여 하나님을 예배하고, 세상을 향해 복음을 전하러 흩어져야 합니다. 이것이 교회의 본질입니다.

제2차 세계 대전이 발발했을 때 네이게이토의 창시자인 도슨 트로트먼은 흩어져 있는 교회에게 다음과 같은 편지를 썼다고 합니다. "사랑하는 조국을 위해 일선에서 하나님께서 허락하신 훈련을 받고 있는 형제 여러분, 아직도 복음을 듣지 못한 수많은 영혼들의 신음소리를 듣고 계십니까? 저는 여러분 모두에게 주님의 명령에 응하시도록 촉구하고 싶습니다. '내가 누구를 보낼꼬?' 하는 질문에 '내가 여기 있나이다. 나를 보내소서!'라고 응답하시길 바랍니다."

도슨 트로트먼은 위기 가운데서도 교회가 해야 하는 사명은 복음 명령에 순종하여 하나님의 교회를 세우는데 있음을 다시 한 번 각인시켰던 것입니다.

10. 은혜의 통로, 성례

결혼 설계

당신은 행복한 결혼 설계를 해 보았나요? 그 설계에는 로맨틱한 신혼여행, 내 집 마련, 자녀계획 등 여러 가지가 있을 것입니다. 그러나 이러한 것도 중요하지만 합법적인 결혼의 선행조건은 결혼예식이 있어야 합니다. 아무리 사랑하는 남녀사이라 할지라도 결혼식과 혼인신고를 하지 않으면 정식적인 부부관계가 되지 못합니다. 결혼식은 남녀가 한 가정을 이루어서 살겠다고 하는 공식적인 서약식입니다. 마찬가지로 기독교에서도 서약식이 있는데, 바로 **성례**입니다. 하나님의 백성이 되었다는 고백이 개인에게서 벗어나 **공개적으로 시인하는 예식**입니다.

1. 성례의 두 가지 요소

성례는 두 가지를 말합니다. 첫째는 세례baptism이고 둘째는 성찬the Lord's Supper입니다. 성례는 영어로 "sacramentum"인데 이 단어는 군사적인 용어에서 유례 되었습니다. 군인이 전쟁에 나가기 전에 지휘관에게 전쟁에서 목숨을 바치겠다는 서약을 말합니다. 성례도 **그리스도인이 주님께 헌신과 희생을 다짐하는 서약**입니다.

1) 세례

① 세례의 제정

세례는 **신적인 권위**에 의해서 제정되었습니다. 예수님이 요단강에서 세례를 받으시는 모습에서 물에 잠기셨다가 다시 올라오신 모습이 대표적인 예입니다. 세례의 의미는 물에 완전히 잠길 때 옛 사람은 죽고, 다시 올라올 때 새 사람이 살아났음을 나타냅니다.

> 그러므로 너희는 가서 모든 민족을 제자로 삼아 아버지와 아들과 성령의 이름으로 세례를 베풀고 (마 28:19)

> 우리 조상들이 다 구름 아래에 있고 바다 가운데로 지나며 모세에게 속하여 다 구름과 바다에서 세례를 받고 (고전 10:1-2)

② 세례의 형식

세례의 형식은 아버지와 아들과 성령의 이름으로 줍니다. 세례는 삼위일체의 의해 제정되었을 뿐 아니라 **실행**될 때 효력이 발생합니다.

> 그러므로 너희는 가서 모든 민족을 제자로 삼아 아버지와 아들과 성령의 이름으로 세례를 베풀고 (마 28:19)

③ 세례의 방식

첫째는 **침수**입니다. 침수는 일반적인 세례의 방법으로 요단강을 배경으로 하고 있습니다. 예수님이 세례를 받으실 때 요단강에서 완전히 몸을 잠그셨다가 나오신 사건입니다.

둘째는 **뿌림**부음입니다. 세례의 헬라어 $\beta\alpha\pi\tau\iota\zeta\omega$밥티조는 어근이 $\beta\acute{\alpha}\pi\tau\omega$밥토에서 나왔는데, '밥토'는 '담그다'라는 의미도 있지만 '물들이다'라는 의미가 있어서 뿌림부음도 가능합니다.

④ 세례의 대상

세례는 예수 그리스도에 대한 **신앙고백**이 있는 자에게 주어집니다. 그리스도를 하나님의 아들로 믿고 그를 자신의 구주로 영접하며 공개적으로 고백하는 자에게 베풀게 됩니다.

> 믿고 세례를 받는 사람은 구원을 얻을 것이요 믿지 않는 사람은 정죄를 받으리라 (막 16:16)

	유아세례 인정	유아세례 반대
교단	장로교, 감리교, 성결교	오순절, 침례교, 재세례파
주장	세례 자체가 구원의 효력이 있다고 하는 것은 아님	유아는 말씀을 인식할 수 없고 신앙고백을 못 함
근거	너희 집에서 난 자든지 너희 돈으로 산 자든지 할례를 받아야 하리니 이에 내 언약이 너희 살에 있어 영원한 언약이 되려니와 (창17:13)	사람이 마음으로 믿어 의에 이르고 입으로 시인하여 구원에 이르느니라 (롬10:10)

	카톨릭 교회	개혁 교회
구원	절대적인 필요조건	절대적인 조건 아님
근거	초대교회의 신자들은 대부분이 이교도에서 개종했기 때문에 정식 성도로 받아들이는 의식이 필요했음	십자가상의 오른편 강도는 세례를 받지 못했지만 죽음 직전에 구원을 받았음
근거	믿고 세례를 받는 사람은 구원을 얻을 것이요 믿지 않는 사람은 정죄를 받으리라 (막16:16)	진실로 네게 이르노니 오늘 네가 나와 함께 낙원에 있으리라 (눅23:43)
핵심	세례 받은 후 죽음에 이르는 죄는 고해성사를 통해서 해결	세례가 구원의 조건은 아니지만 세례 사용을 멸시할 때 영적 곤핍 상태에 빠짐

2) 성찬

① 성찬의 제정

성찬은 신적인 권위에 의해 예수님이 제정하셨습니다. 성찬은 떡과 포도주를 먹고 마심으로 예수님의 죽으심을 기념하고 그리스도와 연합을 이루는 의식입니다.

최초의 성찬식은 예수님이 십자가에 못 박히기 전에 하신 것으로 유월절에 화목제물을 나누어 먹는 것으로 시작되었습니다. 이러한 행위는 구약의 유월절을 예표합니다.

> 무교절의 첫날에 제자들이 예수께 나아와서 이르되 유월절 음식 잡수실 것을 우리가 어디서 준비하기를 원하시나이까
> (마 26:17)

> 예수께서 떡을 가지사 축복하시고 떼어 제자들에게 주시며 이르시되 받아서 먹으라 이것은 내 몸이니라 하시고 또 잔을 가지사 감사 기도하시고 그들에게 주시며 이르시되 너희가 다 이것을 마시라 이것은 죄 사함을 얻게 하려고 많은 사람을 위하여 흘리는 바 나의 피 곧 언약의 피니라 (마 26:26-28)

② 성찬의 대상

성찬의 대상은 **세례를 받은 자**이어야 합니다. 부부도 공식적으로 결혼예식을 해야지 한 몸을 이룰 수 있는 것처럼 신자도 공

식적인 세례를 받아야지 그리스도와 연합인 성찬에 참예할 수 있습니다.

③ 성찬의 의미

ⅰ. 로마 카톨릭 화체설: 물질적 의미

떡과 포도주가 실제로 그리스도의 몸과 피로 몸에서 변화된다는 주장입니다. 12세기에 처음 등장한 교리로 성찬식을 위해 사용되는 떡과 포도주에 그리스도의 살과 피가 실제적으로 현존한다고 믿습니다.

13-15세기 스콜라 신학자들이 정립시킨 이 화체설은 트렌토 공의회1545-1563에서 재확인되었습니다.

ⅱ. 루터파 공재설: 장소적 의미

루터가 주장한 것으로 그리스도의 몸과 피가 장소적으로 임재한다는 것을 뜻합니다. 예수님은 전인격적인 분으로서 몸과 피는 그 요소 속에서 그 요소와 함께 그 요소 밑에 임재한다고 합니다.in along under with the element 이 주장은 성찬을 받는 그 자체가 능력이 있음을 나타냅니다. 우리의 삶의 어떠하든지 성찬에 참여하게 되면 거룩하게 변하게 됩니다.

위 두 가지 화체설과 공재설은 성찬 자체에 의미를 부여하고 있습니다. 그러나 위의 두 가지 견해는 우리가 어떠한 삶을 살든 성찬 자체에 능력이 있기 때문에 인간의 어떤 삶도 중요하게 여기지 않아도 된다는 오해가 있습니다. 그러나 진정으로 성찬을 대할 때 주의 몸과 피에 대해서 죄 짓지 않도록 힘쓰는 거룩한 갈망이 필요합니다. 장난으로 여기고 가볍게 여기지 않도록 해야 합니다.

> 그러므로 누구든지 주의 떡이나 잔을 합당하지 않게 먹고 마시는 자는 주의 몸과 피에 대하여 죄를 짓는 것이니라 사람이 자기를 살피고 그 후에야 이 떡을 먹고 이 잔을 마실지니 주의 몸을 분별하지 못하고 먹고 마시는 자는 자기의 죄를 먹고 마시는 것이니라. (고전 11:27-29)

iii. 개혁파 영적 임재설: 상징적 의미

개혁파의 영적 임재설은 상징적인 의미로 육체적, 장소적이지 않고 전인격적으로 임재 하신다는 주장입니다. 개혁파에서 성찬은 죄로 인하여 죽을 목숨을 구원하신 하나님의 은혜에 대한 기억행위입니다. 옛 사람이 죽고 새사람이 살아난 것에 대한 기억행위입니다. 그래서 정결하게 살아가려고 하는 결단하는 시간입니다. 동일한 시간에 성찬을 받아도 누군가에는 은혜가 넘치지만 누군가에게는 감흥이 없는 이유는 영적인 임재 가운데 거하느냐 그렇지 않느냐에 차이입니다. 그러므로 성찬은 하나님께서 베푸신 구원의 은혜를 잊지 않으려고 갈망하는 행위입니다.

성도들이 찾아와서 심방할 때면 저마다 자신의 필요를 위해서 기도제목을 요청합니다. 꼭 이번에 취업이 되도록 기도해 주세요. 재수하고 있는데, 대학에 합격하도록 기도해 주세요. 경제적인 어려움에 허덕이는데, 물질이 채워지도록 기도해 주세요. 때로는 육체의 질병과 우울증을 앓고 있는데 낫도록 기도해 주세요.

그런데 너무 안타까운 것은 그들이 그렇게 결핍 가운데 허덕일 때는 주님을 간절히 찾다가도 문제가 해결되면 언제 그랬냐는 듯이 주님을 떠나는 모습입니다. 그런 모습을 볼 때면 오히려 부족할 때로 돌아갔으면 좋겠다고 생각합니다.

왜냐하면 간절히 주님을 찾아 하나님께 붙어 있기 때문입니다. 아울러 저들에게 주님을 은혜를 환기시켜 줄 수 있는 장치가 없을까 생각해 보았습니다. 예수님도 승천하시고 난 뒤 육체로 이 땅에 계시지 않는 것을 아셨습니다.

그 때를 위해 예수님이 제정하신 것이 **성찬 의식**이었습니다. 주님의 몸과 피를 기억하도록 하신 목적입니다. 구원의 은총을 받은 것에 대해서 기억하도록 시청각자료와 함께 하나님의 임재에 대한 실습을 시키셨습니다. 그러므로 우리 또한 주님의 은혜로 세례를 받을 때 하나님의 은혜에 대한 진지한 갈망이 필요합니다. 하나님의 백성이 된 것을 깊이 감사하고 주님의 자녀로 살아갈 것을 진지하게 다짐해야 합니다.

11. 시작을 했으면 끝을 봐야지

혼란한 마지막 시대

1992년 10월에 대한민국을 발칵 뒤집는 사건이 있었습니다. 일명 다미선교회 휴거 사건입니다.

당시 교주였던 이장림 목사가 1992년 10월 28일에 예수님이 재림을 할 것이니 이 땅의 모든 삶을 청산하라고 했습니다. 그래서 신도들은 전 재산을 다미선교회에 바쳤고, 한국은행 앞에서 거액의 돈을 뿌리기도 했습니다. 그러나 예수님은 재림하지 않으셨고 결국 이장림 목사는 다미선교회 신도들로부터 고소당하게 되었습니다. 이 사건이 시한부 종말론의 실체를 드러내는 사건이었습니다. 얼마나 어리석은 일입니까?

그럼에도 불구하고 당시 사람들은 직장과 가정을 버리고 이장림 이단목사를 따랐습니다. 그 이유가 무엇일까요? 미래에 대한 불확실 때문입니다. 미래에 대해 사람들의 불안한 심리와 종교성을 이단들은 이용했습니다.

오늘날도 여전히 대 종말이 찾아 올 것이라고 말합니다. 어떤 이들은 행성이 지구와 충돌할 것이라고 예언하였습니다. 태양폭풍이 일어나 우주가 폭발할 것도 예언합니다. 이 모든 것은 사람들의 종교성을 이용한 것입니다. 그러나 이것은 거짓입니다. 종말의 정확한 때와 시간을 말하는 것은 100%로 가짜입니다.

1. 피해야 하는 종말에 대한 양극단

종말은 양극단을 피해야 합니다. 첫째는 종말의 정확한 때를 안다는 극단입니다. 둘째는 종말은 절대 오지 않는다는 극단입니다. 그러나 정확한 성경적인 종말론은 **종말은 반드시 오지만 그 때와 시간을 정확히 알 수 없습니다.**

> 그러나 그 날과 그 때는 아무도 모르나니 하늘의 천사들도, 아들도 모르고 오직 아버지만 아시느니라 (마 24:36)

그런데 성경은 종말의 때를 왜 이렇게 막연하고 애매하게 설명하고 있나요? 오지 않는다고 하던지 아니면 정확한 때를 말하던지 너무나도 모호하게 만들어 놓았습니다. 그러나 성경이 그렇게 말하는 이유가 있는데, 신앙의 옥석玉石을 가리기 위함입니다.

마태복음 24장에서 예수님은 마지막 종말을 말하고 난 뒤에 마 25장에 열 처녀 비유를 설명하셨습니다.

열 명의 처녀 모두 등불을 준비하고 신랑을 맞이하러 기다렸습니다. 그때 10명의 처녀 모두가 졸았지만, 그 중에 5명만은 등불의 기름을 준비했지만, 나머지는 5명은 기름을 준비하지 못했습니다. 기름을 준비하지 못했던 5명이 기름이 떨어진 사실을 알고 기름을 사러 갔을 때 그만 신랑이 온 것입니다. 그래서 기름을 준비한 5명만 신랑을 맞이했습니다. 마찬가지로 주님이 오실 때 기름을 준비한 사람이 옥玉입니다. 종말의 때에 신앙의 절개를 지킨 자가 죽음을 면하게 되고 신랑 되신 예수님을 맞이하게 됩니다.

2. 하인리히 법칙

그렇다면 종말을 막연하게 기다려야 하나요? 아닙니다. 하나님은 정확한 때와 시간을 인간이 알 수 없다고 하셨지만 **징후를 보면서 짐작할 수 있다**고 말씀하셨습니다. 이러한 원리는 하인리히 법칙에도 나와 있습니다. 하인리히 법칙을 1대 29대 300의 법칙이라고도 하는데, 이 하인리히 법칙은 미국 보험회사 슈퍼바이져였던 하인리히에 의해 처음 수립된 법칙입니다. 이 법칙은 사고는 한 순간에 찾아오는 것이 아니라 여러 번의 경고성 징후를 통해 온다는 것입니다.

하인리히는 보험회사의 슈퍼바이져로 오랫동안 일하면서, 통계적으로 보니 심각한 안전사고 1건이 일어나려면 그 전에 동일한 원인의 경미한 사고의 29건이 발생하고, 그 전에 그러한 위험에 300회 노출되어 진다는 법칙을 발견했습니다.

그 대표적인 예가 2008년에 일어났던 중국 스촨성 대형 지진입니다. 스촨성 지진은 한 번에 불쑥 발생하지 않았고 수차례의 징후가 있었습니다. 지진 발생 10일 전에 일명 지진운雲이 발생했습니다. 지진운이란 지진이 발생하기 전에 일어나는 구름을 말합니다. 또 지진 발생 사흘 전에는 수십만 마리의 두꺼비가 집단으로 이동하는 현상이 목격되기도 했습니다. 그러나 행정당국은 묵과했고 결국 이러한 참변을 당하게 되었습니다. 2014년 세월호 사건도 마찬가지였습니다.

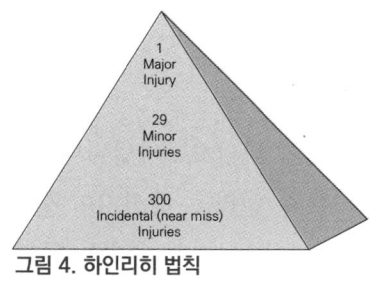

그림 4. 하인리히 법칙

사고가 발생하기 2주 전에 조타실에서 전원이 이상하다는 것을 감지했었습니다.

그 해 5월에는 세월호가 10도 이상 기운다는 것을 파악하고 수리를 요구했었습니다. 심지어 배의 평형을 담당하는 평형수, 특히 4번 평형수가 비어 있었다는 것도 확인했습니다.

그러나 세월호는 이 모든 것을 묵살했고 결국 무고한 304명이 목숨을 잃어야 했습니다. 성경에도 예수님이 오시고 종말이 일어날 때 징후가 있다고 말합니다. 이 징후를 볼 때 마지막이 가까이 왔음을 나타내고 있습니다. **이 때 깨어 종말을 준비하는 자가 되어야 합니다.**

3. 종말의 징후

1) 적그리스도이단의 출현

> 거짓 그리스도들과 거짓 선지자들이 일어나 큰 표적과 기사를 보여 할 수만 있으면 택하신 자들도 미혹하리라 (마 24:24)

적敵그리스도의 출현은 가假그리스도의 출현을 뜻합니다. 마지막 때가 가까 올수록 더 많은 거짓 선지자들이 일어날 것입니다. 오늘날은 분명 과거보다 적그리스도가 더 공격적으로 포교활동을 하고 있다. 과거에는 전도하러 가면 신천지와 같은 이단들이 정통교회를 피했습니다. 요즘에는 더 공격적으로 전도지를 돌리면서 공격적인 포교활동을 벌이고 있습니다.

2) 전쟁과 자연재해

> 민족이 민족을, 나라가 나라를 대적하여 일어나겠고 곳곳에 기근과 지진이 있으리니 (마 24:7)

오늘날 지구 곳곳에는 내전과 분쟁, 기근과 기아로 수많은 사람들이 죽어가고 있습니다. 국제구호단체에 따르면 기근과 기아로 3초에 한명 꼴로 아이가 죽어간다고 합니다. 계산을 해 보면 어림잡아 6개월이면 인천의 한 도시 인구가 사라져 버립니다. 기근과 기아만을 가지고 산정한 수치가 이정도인데, 전쟁과 지진으로 죽는 자들을 더 하면 그 숫자는 어마 무시한 숫자일 것입니다.

> 그러나 성령이 밝히 말씀하시기를 후일에 어떤 사람들이 믿음에서 떠나 미혹하는 영과 귀신의 가르침을 따르리라 하셨으니 (딤전 4:1)

3) 대 환난과 대 배교

마지막 때가 되면 환난과 핍박을 당합니다. 나의 잘못으로 당하는 고난이라면 이해하겠지만 예수 때문에 의문의 박해를 당하게 됩니다. 예수 믿는다는 이유로 불합리한 대우를 당합니다.

초대교회 때는 사탄이 칼과 박해로 공격해 왔습니다. 목에 칼을 겨누며 예수 믿으면 죽였습니다. 중세시대에는 형식주의 교권주의로 사탄은 공격했습니다. 중심은 잃고 형식만 강조하면서 신자들의 신앙을 위협했습니다. 그렇다면 현대교회는 무엇으로 공격해 오고 있을까요? **세속주의**입니다. 세상의 가치관이 교회 안에 들어와 **세상과 교회의 구별됨을 상실시켜 버렸습니다**. 교회는 자연스럽게 순수 신앙을 버리게 되었습니다.

4) 모든 민족에게 복음이 전파, 이스라엘의 대 회심

> 이 천국 복음이 모든 민족에게 증언되기 위하여 온 세상에
> 전파되리니 그제야 끝이 오리라 (마 24:14)

예수님이 오시는 때는 정확하게 알 수 없습니다. 그러나 우리
는 예수님의 말씀하신 약속을 근거로 보면 모든 민족에게 복음
이 전파될 때 그제야 끝이 나게 됩니다. 각 나라와 족속에 복음
이 전해질 때 예수님이 오십니다. 그래서 많은 교회들과 선교단
체들이 예수님이 오심을 앞당기기 위해서 적극적으로 복음을 열
방에 전하고 있습니다.

특히 이슬람 선교를 하는 많은 분들은 복음이 서진西進하고 있
다고 주장합니다. 예루살렘에서 시작된 복음이 유럽을 거쳐 동
아시아에서 중앙아시아로 넘어가고 있다고 합니다. 그 복음이
마지막으로 유대인들에게 전파될 때 그제야 끝이 온다고 말합
니다.

4. 두 가지 종말

종말을 경고하면 이런 질문을 하는 분들을 종종 봅니다. '과거
에도 이러한 징후가 수차례가 있었지 않았느냐 100년 전에도 있
었고 중세시대에도 있었고 예수님 당시에도 있었지만 종말이 오
지 않았다.' 사실 예수님 이후로 이러한 징후들이 셀 수 없을 만

큰 있었지만 예수님은 오지 않았습니다. 그렇다면 종말의 교리는 단지 신자들을 겁박하기 위한 것일까요? 아닙니다. 이것은 종말에 대해서 잘 모르는 견해입니다. 종말은 두 가지가 있습니다.

첫째, 우주적인 종말(마 24:29-31)이 있습니다. 이 종말은 세상이 완전히 끝이 나는 종말입니다. 예수 그리스도가 오시면 이 세상의 삶은 완전히 끝이 납니다. 신자들은 구원을 받고 불신자들은 심판을 받습니다. 둘째는 개인적인 종말입니다. 이 종말은 질병, 사고, 전쟁, 기근, 자연사로서 지역적으로 또는 국가적으로 일어납니다. 중요한 것은 우주적인 종말이든 개인적인 종말 모두 갑자기 일어난다는 것입니다. 도둑이 예고 없이 찾아오듯 종말도 갑자기 일어납니다. 우리의 종말도 언제 찾아올지 모릅니다. 그러므로 종말을 준비해야 합니다. 그리고 마지막 때에 구원을 받도록 신앙정조를 지켜야 합니다.

5. 종말의 때에 일어날 일 - 최후의 심판

1) 불신자 : 영원한 형벌

> 하나님은 모든 행위와 모든 은밀한 일을 선악 간에 심판하시리라 (전 12장 14절)

예수를 믿지 않은 자들은 긍휼 없는 심판을 받습니다. 그들에게 기다리고 있는 것은 영원한 형벌뿐입니다.

2) 신자 : 영원한 상급

> 네가 어찌하여 네 형제를 비판하느냐 어찌하여 네 형제를
> 업신여기느냐 우리가 다 하나님의 심판대 앞에 서리라 (롬
> 14장 10절)

신자들에게 있어서 마지막 심판은 상급에 대한 판단判斷이지 죄에 대한 심판審判은 아닙니다.

그렇다면 어떻게 형벌과 상급이 나누어 질 수 있는가요? 예수 그리스도를 믿는 믿음에서 나눠집니다. 하나님은 지금도 예수를 믿는 자에게 구원의 복을 주시며, 상 주시기를 원하십니다. 그러나 사람들은 관심을 두지 않을 뿐더러 종말을 인정하지 않고 자기 고집을 부립니다. 그러한 고집은 상급뿐만 아니라 구원에서도 제외되게 만듭니다

6. 종말에 대한 우리의 자세

종말에 대한 우리의 자세는 두 가지입니다. 첫째는 미래적 적용입니다. 예수님이 반드시 약속대로 다시 오십니다. 그 분의 오심을 기대하고 살아가야 합니다. 이 땅에 것들에 집착하면 안 됩니다. 그래서 예수님은 보물을 이 땅에 쌓아 두지 말고 천국에 쌓아놓으라고 말씀하셨습니다. 둘째는 현재적 적용입니다. 예수님이 오늘 오실지 내일 오실지 알 수 없습니다. 그렇기 때문에 매

일 매일이 주님이 오시는 날로 여기며 거룩하게 살아가야 합니다. 주님이 오늘 오시는데 불성실하고 타락한 모습으로 살 수 있을까요? 하나님이 우리 각자를 삶의 현장 가운데 있게 하신 이유를 발견해야 합니다. 공중에 나는 새 한 마리도 하나님의 뜻하심이 없이는 날고 떨어지지 않는데 하나님의 백성들을 여러분의 삶의 현장에 보내신 것이 우연일까요? 그렇지 않습니다. 반드시 하나님의 뜻과 계획이 있습니다. 삶의 현장에서 최선을 다해 주님 오실 때를 준비해야 합니다.

12. 우리가 꿈꾸어야 할 하나님 나라

북한의 끊임없는 도발

2010년 11월 23일 오후 2시 30분경, 북한이 대한민국의 영토인 인천광역시 옹진군 연평면 대연평도를 향해 포격을 가해왔습니다. 이에 대한민국 국군은 즉각 대응사격을 했습니다. 그럼에도 불구하고 해병대원 전사자 2명, 군인 중경상 16명, 민간인 사상자 2명, 민간인 중경상 3명의 인명피해가 발생했습니다. 각종 시설 및 가옥도 파괴되었습니다. 이렇게 끔찍한 일이 일어난 이유는 무엇이었나요? 북방한계선NLL 때문입니다. 1953년 8월 30일에 휴전이 선언되고 남북합의에 의해서 북방 한계선을 그었습니다. 이 한계선은 북한군이 연평도와 백령도와 대청도와 소청도를 침범하지 않도록 그어졌습니다. 그런데 1999년 9월 2일 북한은 이 협정을 깨고 해상군사분계선을 북한 어선이 남한

까지 내려와야 한다고 주장했습니다. 그래서 이곳은 서해의 뜨거운 감자로 지금까지 긴장상태에 있습니다. 북한은 계속적으로 도발을 감행 할 것입니다. 북한이 도발을 감행할 때 대한민국은 목숨을 걸고 국민들을 지켜 냅니다. 그 이유는 연평도는 엄연한 대한민국의 영토이기 때문입니다.

1. 하나님 나라

나라에는 두 가지가 있습니다. 첫째는 하나님의 나라이고 둘째는 사탄의 나라입니다. 이 둘은 늘 긴장관계에 있습니다. 왜냐하면 끊임없이 사탄의 나라가 하나님의 나라를 도발해 오기 때문입니다. 마치 북한이 대한민국의 영토를 포격하며 서해에서 전쟁을 일으키듯이 사탄이 하나님의 나라를 계속적으로 도발해 옵니다. 이러한 때에 크리스천은 **하나님의 나라의 정체성을 확립**해야지 사탄의 공격에서 이겨낼 수 있습니다.

1) 일반 나라의 3요소

하나님 나라를 이해하기 위해서는 일반 나라의 세 가지 요소를 알아야 합니다. 나라가 존재하기 위해서는 세 가지 요소가 필요한데 '국민'과 '영토'와 '주권'입니다. 먼저는 국가의 구성원인 '국민'이 있어야 하고 또 그 국민이 거주하는 '영토'도 필요합니다. 그러나 이것으로는 불충분합니다. 나머지 중요한 것이 있는데 '주권'입니다. 왜냐하면 이러한 국민과 영토가 갖추어져 있다 할지라도 주권이 없으면 나라가 존재할 수 없기 때문입니다. 우리나라도 일제 치하에 있을 때 영토가 있고 조선인이 있었지만, 일본에게 주권을 빼앗겼기 때문에 조선의 모든 권한은 상실했던 것과 같습니다.

2) 하나님 나라의 3요소

첫째는 **하나님의 백성**을 세우십니다. 하나님은 하나님 나라의 백성들을 세우기 위해서 아브라함을 부르셨습니다. 창세기 1장에 하나님이 아담을 창조하시고 하나님의 나라를 세우려고 계획하셨습니다. 그러나 아담은 타락했고 그 결과 인간은 인간의 나라를 세우려고 했습니다. 그러한 인간의 욕망은 창세기 11장에 바벨탑을 쌓는 것으로 극에 이르렀습니다. 그러나 결국 바벨탑은 무너졌고 하나님은 바벨 사람들을 흩어져 버리셨습니다. 그래서 하나님은 다시 새로운 백성을 아브라함을 통해서 일으키시려고 계획하셨습니다. 아브라함을 통해서 하늘의 별과 바다의 모래와 같은 후손을 번성하게 하시겠다고 약속하셨습니다. 아들이 없던 아브라함이 100세에 아들 이삭을 낳고, 이삭이 야곱을 낳고, 이삭은 12아들을 낳으면서 하나님의 백성을 번성하게 했습니다. 이 내용이 창세기입니다.

둘째는 **하나님의 영토**^땅를 세우십니다. 창세기의 마지막에 보면 요셉의 영향력 아래 하나님의 백성이 번성했던 곳은 고센 땅이었습니다. 고센 땅은 이방 땅이었기 때문에 하나님의 백성들만의 땅이 필요 했습니다. 그래서 하나님께서는 백성들을 출애굽하게 하셨습니다. 하나님은 하나님의 백성이 거해야 할 땅, 가나안을 비전으로 보여주셨습니다. 물론 하나님은 광야를 지나게 하셨지만 약속의 땅으로 계속적으로 나아갔습니다. 이 내용이 출애굽기입니다.

셋째는 **하나님의 주권**을 세우십니다. 주권이 나타나는 것은 법을 통해서 가능합니다. 세상의 이치와 원리를 따르지 않고 오직 하나님의 법에 따라 통치를 받아야 했습니다. 그래서 하나님께서는 이스라엘 백성들이 가나안 땅에 들어가게 되면 하나님의 통치를 받기 위한 법이 필요 했습니다. 이 율법은 금지 365개, 허용 248개로서 총 613개로 이루어져 있습니다. 이 율법을 10가지로 요약하면 십계명으로 요약할 수 있습니다. 이 율법은 가나안 백성들과 구별되는 하나님의 통치의 증거였습니다. 이 내용이 레위기입니다.

지금도 하나님의 통치는 **백성들을 통해**서 이루어집니다. 하나님의 나라가 온 열방 가운데 이루어지기를 원하십니다. 그러나 열방은 하나님의 통치를 받지 못하고 사탄의 노예가 되어서 살아가고 있습니다. 하나님이 지으시고 하나님이 통치하시는 땅이 사탄에 의해서 무단점령을 당하고 있습니다. 그 잃어버린 영혼들을 찾아와야 합니다. 우리가 열방으로 가서 복음을 전해야 할 이유가 여기에 있습니다. 그래서 하나님의 통치를 하나님의 백성을 통해 나타내야 합니다.

> 모든 세계가 하나님의 말씀으로 지어진 줄을 우리가 아나
> 니 (히 11장 3절)

2. 하나님 나라의 완성

하나님 나라는 "이미"already와 "아직"not-yet의 긴장관계에 있습니다. 예수께서는 이 땅에 오셔서 죽으시고 부활하심으로 사탄의 머리를 짓누르고 이미 승리하셨습니다. 사탄은 패잔병임에도 불구하고 마지막까지 사람들을 죽음으로 몰아가려고 하고 있습니다. **예수께서 재림하셔서 온전한 승리를 이루기 전까지는 아직 긴장을 늦춰서는 안 됩니다.**

3. 최후의 하나님 나라

1) 악인의 최후의 상태

첫째, 악인이 최후에 들어가게 되는 장소는 풀무 불입니다. 계시록에는 불 못the lake of fire이라 하기도 합니다. 불 못의 고통은 어느 정도일까요? 한번쯤 피부에 불에 닿아 쓰린 경험을 한 적이 있을 것입니다. 잠깐의 아픔도 이렇게 쓰린데, 영원한 불 못의 고통은 이루 말할 수 없을 것입니다.

> 풀무 불에 던져 넣으리니 거기서 울며 이를 갈게 되리라

| (마 13장 42절)

| 누구든지 생명책에 기록되지 못한 자는 불 못에 던져지더
| 라 (계 20장 15절)

둘째, 악인이 처하게 되는 상태는 세 가지 고통을 당합니다. 첫째는 **육체적인 고통**을 겪어야 합니다. 불 못에 던져서 살이 타 들어 가고 육체가 녹아들어 갑니다. 둘째는 **정신적인 고통**을 당 해야 합니다. 차라리 막노동을 하라고 하면 하겠지만 그렇지 않 고 정신적인 고통당하는 것은 이루 말할 수 없는 고통입니다. 그 런데 지옥에서 겪는 정신적 고통은 이 땅에서 겪는 정신병과 우 울증보다 상상을 초월합니다. 마지막은 **영적인 고통**을 겪어야 합 니다. 예수님이 십자가에서 못 박하실 때 어찌 하여 나를 버리 십니까엘리 엘리 라마 사박다니 외치셨습니다. 예수님의 이러한 절규는 육체적인 고통과 정신적인 고통 이상으로 하나님과 관계가 잠시 동안 끊어진 영적인 고통 때문이었습니다. 이 땅에서 잠시 잠깐 하나님과의 영적인 관계가 사라졌다고 느낄 때 그 공허함과 곤 핍함을 이루 말할 수 없습니다. 그런데 지옥에서 겪는 하나님과 의 영적인 단절은 영원하다는데 그 심각성이 있습니다.

| 제구시쯤에 예수께서 크게 소리질러 이르시되 엘리 엘리 라
| 마 사박다니 하시니 이는 곧 나의 하나님, 나의 하나님, 어찌
| 하여 나를 버리셨나이까 하는 뜻이라 (마 27장 46절)

셋째, 악인의 형벌 기간은 영원입니다. 이러한 육체적인 고통, 정신적인 고통과 영적인 고통이 너무 고통스러우니 차라리 죽으면 해결되지 않느냐고 생각할 수 있습니다. 죽으면 모든 고통이 사라진다고 생각하기 때문입니다. 그런데 죽을 수 없습니다. 왜냐하면 죽어서 간 곳이기 때문입니다. 고통을 잠시 당하는 것도 이렇게 쓰라린데 이러한 고통이 영원하다고 생각해 보십시오. 상상할 수 없는 저주입니다.

> 거기에서는 구더기도 죽지 않고 불도 꺼지지 아니하느니라
> (막 9장 48절)

> 지옥 곧 꺼지지 않는 불 (막 9장 43절)

2) 의인의 최후의 상태

의인이 거하게 되는 장소는 **새 하늘과 새 땅**입니다.

> 하늘에 있는 것이나 땅에 있는 것이 다 그리스도 안에서 통일되게 하려 하심이라 (엡 1장 10절)

> 하나님은 친히 저희와 함께 계셔서 모든 눈물을 그 눈에서 닦아 주시니 다시는 사망이 없고 애통하는 것이나 곡하는 것이나 아픈 것이 다시 있지 아니하리니 처음 것들이 다 지나

| 갔음이러라 (계 21장 3-4절)

이 상태는 육신, 정신, 영적인 고통에서 해방되는 상태를 뜻합니다. 그 때 거하게 되는 곳은 이 땅과 전혀 다른 새로운 국면을 맞을 것입니다. 그 곳에서 하나님은 의인들의 눈에 눈물을 닦으시고 위로해 주실 것입니다. 영원한 안식으로 인도하실 것입니다. 그 곳에는 **그 어떠한 죽음도 신자들을 무력화시키지 못합니다.**

3) 의인이 받는 상급 : 하나님과의 관계

| 그러므로 그들이 하나님의 보좌 앞에 있고 또 그의 성전에서
| 밤낮 하나님을 섬기매 (계 7장 15절)

사람들은 의인이 받는 상급을 이 땅의 물질적인 개념으로 수치를 환산하는 경우를 봅니다. 그러나 새 하늘과 새 땅이 열리고 새 예루살렘은 온갖 보석으로 장식되어 있는 곳입니다. 그 곳에서 황금 하나 더 가지고 적게 가지고가 의미가 없습니다. 천국의 상급은 우리가 생각하는 물질적인 개념이 아닙니다. 그렇다면 성경에서 말하는 의인의 상급은 무엇일까요? 하나님과의 관계입니다. 이 땅에서도 하나님과 관계가 멀어졌다고 느낄 때는 이루 말할 수 없는 결핍을 느낍니다. 반면 하나님과 깊은 관계가 깊어질 때는 얼마나 큰 영적 부유함을 느끼는지 모릅니다. 천국에서도 이 땅의 삶에 따라 상급이 계산되어 집니다. 주를 위해서

즐거이 헌신했던 자들은 주님의 보좌 가까운 곳에서 영광스럽게 하나님을 높이게 될 것입니다.

4. 하나님 나라의 적용

1) 현재적 적용

> 또 여기 있다 저기 있다고도 못하리니 하나님의 나라는 너희 안에 있느니라 (눅 17장 21절)

예수님은 1세기 팔레스타인 지방에서 사람들의 논란이 되었습니다. 그 논란의 중심에는 하나님의 나라에 대한 언급 때문이었습니다. 사람들은 빨리 하나님의 나라가 도래해서 과거 다윗처럼 로마를 무력으로 몰아내는 강력한 군사정권을 원했습니다. 그래서 바리새인은 예수님을 공격하기 위해서 하나님의 나라가 언제 임하는지 시기를 물었던 것입니다. 그 때 예수님의 답변은 하나님의 나라는 너희 안에 있다고 말씀하셨습니다. 이 말씀의 의미는 바리새인들 안in에 있다는 것을 말씀하신 것이 아닙니다. 당시 바리새인들은 예수님을 공격하며 둘러싸고 있었습니다. 그때 예수님은 너희들 안among에 있다고 말씀하시며 예수 그 자신을 말씀하셨습니다. 다시 말해 **예수 그리스도가 함께 있을 때 하나님 나라가 이미 임하셨다고 말씀하신 것입니다.** 예수님을 인정하고 함께 모시고 살 때 언제든지 하나님의 나라가 임합니다. 우리의 삶에도 예수님을 이용하거나 판단하기 위한 목적이라면 하나님의 나라는 임하지 않습니다. 우리의 삶의 현장 속에서 예수님을 주인으로 여기고 그분의 통치를 받는 사람에게 하나님의 나라가 임하게 됩니다. 비록 열악한 상황에 던져져 있다 할지라도 예수님의 왕 되심을 **인정**하고 그 분의 다스리심을 **사모**하십시오. 하나님의 나라는 우리의 삶의 현장 깊숙한 곳에 임하게 될 것입니다.

2) 미래적 적용

> 나는 선한 싸움을 싸우고 나의 달려갈 길을 마치고 믿음을 지켰으니 이제 후로는 나를 위하여 의의 면류관이 예비되었으므로 주 곧 의로우신 재판장이 그 날에 내게 주실 것이며 내게만 아니라 주의 나타나심을 사모하는 모든 자에게도니라 (딤후 4장 7-8절)

하나님의 나라는 예수님이 초림하시고 이미already 이루어졌습니다. 오늘날에도 그 분은 왕 되심을 인정할 때 하나님의 통치가 임합니다. 그러나 아직not-yet 온전하게 이루어진 것은 아닙니다. 예수님이 재림하실 때에 그제야 하나님의 나라는 완벽하게 이루어질 것입니다. 그러므로 우리는 주님의 오실 날을 기다려야 합니다. 선한 싸움을 싸워 나가고 마지막 승리의 날을 준비해야 합니다. 바울은 당시 로마의 마라톤을 생각하면서 주님 오실 마지막 날을 기다렸습니다. 마라톤 주자가 결승 라인을 통과할 때 승리의 면류관을 얻듯이, 우리도 믿음의 경주를 마칠 때 의의 면류관으로 보상하실 것을 기대하며 말입니다. 우리는 지금 바울의 다음 주자로 믿음의 경주를 달리고 있습니다. 비록 시간이 더디 가는 것 같고, 언제 마지막이 이를지는 정확하게 알 수 없지만 예수님께서 다시 오시기로 약속하셨기 때문에 하나님의 나라는 종국적으로 반드시 이루어집니다. 마지막 주님 앞에서 섰을 때 한 일이 아무 것도 없어 부끄러워 숨지 맙시다. 부족했지만 주를 위해서 내 한 몸 바쳐서 헌신하며 살아왔다고 고백하길 원합니다. 종국적으로 임할 **하나님 나라**를 소망하며 지금의 삶에 충실하여 승리하며 나아가길 축복합니다.

손에 잡히는 쉬운 기독교 교리
: 믿음에대한오해를이해로바꾸다

발행일   2020.05.20. 초판 1쇄(크리스천리더 출판사)
           2025.10.31. 초판 2쇄

지은이   홍석균

편 집   박정현

펴낸곳   샘곁의나무
등록번호 제 409-2020-000053호

ISBN   979-11-972313-7-7

값 10,000원